ロケットスタート
シリーズ★

学級づくり
&
授業づくり スキル

教室環境・学習アイテム

多賀一郎 監修　松下 崇 編
チーム・ロケットスタート 著

明治図書

シリーズ刊行にあたって

　ロケットスタートシリーズも GIGA プラスを加えて，だいたいの授業や学級づくりについて具体的な実践提案ができてきたと思っています。

　今回は，さらにロケットスキルと題して，

　　　①朝の会・帰りの会　　　　②授業のミニネタ
　　　③日直・係活動・当番活動　④教室環境・学習アイテム
　　　⑤学級通信　　　　　　　　⑥レク＆アイスブレイク

の六つのテーマについて，それぞれを単行本としてまとめました。

　すべて，学級で考えなければならないテーマばかりですが，この項目ごとの本は，なかなかないのではないかと思っています。

　読んだその日から使える，具体的な実践を集めました。

　編者には，ベテラン，中堅，若手と各分野で実績をあげている先生方にお願いしました。どなたも単著を書けるレベルの方々ですが，あえて，実践家のすそ野を広げていただこうと，各先生方の人脈から執筆者を募る形をとりました。

　ロケットスタートシリーズの本質は，何度も繰り返して述べているように「具体的な実践」をふまえたところにあります。今回もその線は崩していませんが，各テーマについての考え方（実践理論）も述べられていて，

　「なんのためにそうするのか」

という根本的なところにも触れています。

　各テーマについて，自分の考えを深めることにもつながることでしょう。

　おかげさまで，充実したラインナップになりました。自信をもっておすすめできます。

多賀　一郎

はじめに

　他の学級の教室に行くと，入った瞬間に「なんだか居心地がいいな」と感じることがあります。逆に「なんだか落ち着かないな」と感じる教室もあります。多くの教師は教室を居心地のいい場所にし，子どもたちと笑顔で過ごしたい，充実した日々を一緒に過ごしたいという願いをもっていることでしょう。

　しかし，現実は忙しいなかで仕事に追われ，余裕のない日々を送っているのではないでしょうか。教師が余裕のない日々を送っていれば，自ずと教室は子どもたちにとって居心地の悪い場所になってしまいます。

　これまで学校現場の先生方は，教室の子どもたちが笑顔で過ごせるようにと，様々な工夫をしながら集団づくりを行い，一人一人の子どもたちと向き合ってきました。それらの多くは，熱心な先生方により職人技のように磨かれ，そして伝承されてきたように思います。しかし，学校現場が多忙だと言われている今，隣の先生に伝える時間さえも惜しくなり，それぞれが孤軍奮闘しながら，何とか日々を過ごしているのが現実ではないでしょうか。

　本書は，そんな先生方を思い浮かべながら，これまで学校現場で積み上げられた実践を教室環境・学習アイテムという視点で整理し直し，一人一人の子どもをどのように捉え，集団づくりをしていくとよいかがわかるように，具体的な実践集としてまとめました。

　第１章では，教室環境の整え方や学習アイテムを教室に取り入れるためのポイントが書いてあります。それぞれの実践が一時的なものとして終わらず，一年間その教室の文化として定着し，居心地のよい場となるためにはどうしたらよいのか示しました。

　第２章では，教室環境と学習アイテムの以下の要素についてバランスよく

スキルという視点でまとめました。
・子どもたちにとって教師の指導がわかりやすく理解できるようなスキル
・子どもたちが思わず笑顔になってしまう仕掛けづくりスキル
・どんな子どもも安心して過ごせるようなスキル
・教師にとって効率が上がり，余裕を生むためのスキル

　それぞれのスキルには，「ここがポイント！」（指導のポイント）や「これをやったらアウト！」（NG指導）が書いてあります。学級のニーズとご自身のキャラクターを考慮に入れて，ご実践されることをおすすめいたします。
　また，章の最後に，「対応スキル」として，実際に教師が取り組もうとする際に困る場面を想定し，それらをどのように乗り越えていけばいいか，基本的な考え方や方法を示しました。

　本書の執筆をお願いしたのは，長年，全国の様々な場に自費で学びに行き，学校現場で子どもたちとじっくりと向き合い実践を積み重ねてきた方々です。実践の派手さやおもしろさよりも，教室にいる子どもたちが幸せになるための選りすぐりの実践を執筆するよう，お願いいたしました。

　この本をもとに教室環境・学習アイテムが整備され，教師や子どもたちの笑顔が増え，充実した毎日が送れる，居心地のいい場になることを願っております。

　　　　　　　　　　　　　　　　　　　　　　　編者　松下　崇

CONTENTS

003　シリーズ刊行にあたって
004　はじめに

第1章　クラスが100倍ステキになる「教室環境・学習アイテム」の極意

- 012　POINT 1　教室で効果を生むための三つのポイント
- 014　POINT 2　教室の環境を整える三つのポイント
- 016　POINT 3　子どもたちの意欲を引き出す三つのポイント
- 018　POINT 4　実践を進化させる三つのポイント

第2章　ロケット「教室環境・学習アイテム」スキル

教室環境のスキル

- 022　1　学級目標を子どもたちと作成するスキル
- 024　2　子どもたちが学級目標を意識して生活するスキル
- 026　3　願いをもとに学級キャラクターを作成するスキル
- 028　4　子どもと人間関係を育むぬいぐるみ活用スキル
- 030　5　毎朝の黒板メッセージで勇気づけるスキル

032	6	不在時に教師のメッセージに注目させるスキル
034	7	指導内容を効果的に掲示するスキル
036	8	オリジナルカレンダーで意欲を引き出すスキル
038	9	一日の見通しをもち安心して生活できるようにするスキル
040	10	学習機会を保障する忘れ物対応スキル
042	11	教師用机の四次元ポケット化スキル
044	12	机周りを整頓できるようにするスキル
046	13	子どもたちの自己決定を促す座席決めスキル
048	14	目的に合わせた活動別の机配置スキル
050	15	子どもが安心して学べる黒板周りの整備スキル
052	16	紙の分別・再利用スキル
054	17	提出状況がひと目でわかる宿題回収スキル
056	18	日直の仕事を見える化し，安心して取り組ませるスキル
058	19	いつでも見直せる！ 掃除の手順を把握させるスキル
060	20	掃除当番を子どもたち自身で運営できるようにするスキル
062	21	既習事項を学びの軌跡として掲示するスキル
064	22	鮮度を意識して掲示物を定期的に入れ替えるスキル
066	23	子どもたちが教室掲示物を作成できるようにするスキル
068	24	「ビー玉貯金」でいい行動を認め合えるようにするスキル
070	25	「いいところ探しカード」で 自他のよさを認め合えるようにするスキル
072	26	お互いのあたたかい言葉がけを意識させるスキル
074	27	子どもが自発的に取り組む係活動活性化スキル
076	28	一年間の成長を実感する写真掲示＆動画披露スキル

CONTENTS　007

学習アイテムのスキル

078	1	学習アイテムの使いどころ・開放を見極めるスキル
080	2	トーキングスティックで自分の考えを語らせるスキル
082	3	運命を託して！　ドキドキ割りばしくじ活用スキル
084	4	即日発行！　学級通信活用スキル
086	5	ここぞ！というときの学習アイテムの保管・管理スキル
088	6	鉛筆を正しく持てるようにするスキル
090	7	感覚を詳細に把握するための五感マグネット活用スキル
092	8	「小さい声」にわくわく倍増！ 発言の意欲を引き出すスキル
094	9	教室の空気を明るくする○×判定ボタン活用スキル
096	10	教える価値を捉えさせ，説明の意欲を引き出すスキル
098	11	主体的な授業参加を促すマグネット式ネームプレート 活用スキル
100	12	声に出して覚える！　フラッシュカード活用スキル
102	13	「時間の価値」を可視化するデジタルタイマー活用スキル
104	14	手軽に準備！　逆上がり指導スキル
106	15	音楽の力で体育の活動活性化スキル
108	16	かけ算九九を定着させるスキル
110	17	「○○アイテム」と名付けて 既習事項を使いこなせるようにするスキル
112	18	学びの自己調整を促すスキル
114	19	Google クラスルームで予定を管理し マネジメント力を高めるスキル
116	20	文章の推敲・共有に便利！ Google ドキュメントを使って作文させるスキル
118	21	Google Jamboard で子どもたちの考えを整理するスキル

120	22	Google Forms・テキストマイニングで意見を視覚化するスキル
122	23	即時採点のKahoot!で楽しく形成的評価を促すスキル
124	24	苦手さのある子どもが安心して活動できる掲示物活用スキル
126	25	学習態度の定着を可視化するスキル
128	26	教室に入れない子どもも安心して授業に参加できるようにするスキル
130	27	子ども作成おみくじで保護者会の空気を和らげるスキル

こんなときどうする？ 対応スキル

132	1	学年全体で掲示物をそろえるときの対応スキル
134	2	担任一人一人の強みを生かすために学年であえて掲示物をそろえない対応スキル
136	3	学年データの活用度を上げ，年度を越えて共有するためのスキル
138	4	教室環境を破壊するような荒れた学級を受け持った際の対応スキル
140	5	あえて隙をつくる!? 子どもを自立させたいときの対応スキル

142　執筆者紹介

第1章

クラスが100倍ステキになる
「教室環境・学習アイテム」の極意

教室で効果を生むための三つのポイント

(松下　崇)

　力を入れた実践なのにうまくいかないことがあります。また，熱心に取り組むあまり，他のことが疎かになり，教室が荒れてしまうこともあります。せっかくやるのであれば，効果を感じやってよかったと思えるようにしたいものです。そのために，以下の三つの点に気をつけて実践を行います。

最小限のタスクや労力で最大限の効果を生み出す

　教師の仕事は多忙であると言われます。ちょっとした仕事でも積み重なるとたくさんの時間を使うことになります。そうならないためには，**タスク（作業の最小単位という意味）を最小限にすることが大切**です。例えば，「宿題プリント」を使って子どもたちに家庭学習を指導する場合，①印刷が可能な問題集等から問題を探す，②それらを一つの宿題プリントにまとめる，③宿題プリントを印刷する，④宿題プリントを配付する，⑤宿題プリントを回収する，⑥未提出者に声をかける，⑦提出された宿題プリントの内容を確認し必要に応じて指導する，⑧宿題プリントを子どもたちに返却する，という八つのタスクが考えられます。

　「宿題プリント」をやめ，「教科書の問題をノートにやってくる」ようにすると，②〜④のタスクはなくなります。その一方で「何をどこにやればいいか」わからなくなるという問題が発生します。その問題を解決するために，⑨家に帰って教科書のどのページをやればいいのかわかるように指導する，⑩ノートの書き方を指導することが付け加わります。タスクの数としては減っていても，労力で考えると「宿題プリント」の方が楽であることもありま

す。そう考えたとき，**タスクや労力はなるべく少なく，それでいて教育効果が大きいものは何かといった視点で実践を考える**ことが大切になります。

教師の「得意なこと」や「苦手なこと」を考慮に入れる

　教室での実践は，教師の得意なことを生かしながら実践するパターンと教師の苦手なことをフォローするために実践するパターンの二つのパターンが考えられます。

　前者は得意なことを生かして行うので，負担に感じることが少なく，またやっていて気持ちが明るくなります。後者は苦手なことがフォローされるので，日常のストレスが軽減されますが，苦手なものに取り組んでいる分，うまくいかないこともあります。

　どちらがおすすめというわけではありませんが，力を入れて実践するのであれば得意なことを生かして思いきり子どもたちとかかわっていった方がいいでしょう。教師の苦手なことをフォローするための実践を行う場合は，そういったことが得意そうな同僚などに相談してから始めるといいでしょう。

「子どもたちに伝えたい思いや願い」が実践に魂を入れる

　実践を行う際，大事なのは目的です。その実践を通して，子どもたちにどうなってほしいのか，どのようなことを伝えたいのかがブレると，何をしているのかわからなくなります。

　そしてその目的に対し教師がどのくらい熱い気持ちになれるかが，実践の成功を決めるポイントになります。もちろん，熱い気持ちになりすぎて空回りすることもあるかもしれません。それでも教師の熱量は確実に子どもたちに伝わります。「あっ，この実践いいな」と直感的に思ったとしたら，それはきっと伝えたい思いや願いとマッチした実践なのだと思います。失敗を恐れずに取り組んでほしいと思います。

第1章　クラスが100倍ステキになる「教室環境・学習アイテム」の極意　　013

POINT 2 教室の環境を整える三つのポイント

(松下 崇)

教室の掃除は行き届いているか？

　ある教室でのことです。使いかけの折り紙が1枚，落ちています。子どもたちはその折り紙の存在に気づいていますが，知らないふりをして過ごしています。その折り紙の上をうまくまたいで歩いている子どももいます。読者の皆さんは，そんな様子を見たらどのように指導されますか？

　様々な声のかけ方や実践があると思いますが，ゴミが落ちていたら拾って捨てる，必要のないものはきちんとしまい，整理するという内容を指導することが大切です。

　荒れている学級の多くは教室にたくさんゴミが落ちていて，棚の上なども雑然とした状態になっています。子どもたちへの指導がうまくいっていないから，そういう状態になってしまっているのか，そういう状態だから子どもたちの指導がうまくいかないのか，どちらが先かと言われると難しいところですが，**「教室がきれいな状態になっている」**というのは教育活動を行ううえでは**大切**なことだと言えます。

　子どもたちが自分から進んでそういう環境をつくり出していけるように，**教室がきれいな状態を子どもたちが「当たり前」と感じられるよう，まずは教師が率先して行動します。**

子どもたちの動線が考えられているか

　「朝読書」の時間の前になると，しばしばケンカが起きる教室がありました。よく見ていると，学級文庫が置いてある棚の前のスペースが狭く，本を借りに行こうとするとそこで体がぶつかり，トラブルが起きていました。そこで学級文庫が置いてある場所を変え，子どもたちが並べるスペースをつくると，トラブルが起きなくなりました。

　子どもたちを成長させるような良質な本が学級文庫にそろっていたとしても，読み手である子どもたちの状態がよくなければそれらの本の効果はあまり望めません。**実践を行うときには，子どもたちがどのように行動するかイメージしながら環境を整える**とよいでしょう。

　また，ある実践と他の実践が重なり合うことで，お互いにとってマイナスになる場合があります。特に掲示物に関しては，量が多ければよいのではなく，情報を厳選することが大切です。

実践の終わりを決めて始める

　一つの教室で，本書の実践を同時にすべて行ったら，雰囲気のよい教室になるでしょうか。もしかしたらうまくいくかもしれませんが，何を大事にしたらよいかわかりにくい教室になるでしょう。そう考えると詰め込みすぎることはよくないことだということがわかります。

　ある実践をしたことで子どもたちが成長したとき，そのまま続ける方がよい場合と，ある程度のところで実践をやめ，次の実践に移行した方がうまくいく場合があります。一番避けたいのは，惰性で続けていたり，効果があまりないのに続けていたりすることです。そうならないよう，**実践を始める際は，終わり方を決めておきます**。夏休みや冬休み等の長期休み前は，実践をやめるのにはいいタイミングです。クラスの様子を見て取り組む期間を延長することもありますが，その場合も終わり方を考えておくとよいでしょう。

子どもたちの意欲を引き出す
三つのポイント

(松下　崇)

実践との出会いを大切にする

　教師がいくら魅力を感じている実践であっても，子どもたちのやる気があまりなく嫌々行動していては，活動が停滞し目的を達成することは難しくなります。やる気≒「意欲」を扱った研究は，古くからなされていますが，私はそれらを参考にしながら以下のことに注意して，実践の説明をしています。

・なぜそれをするのか？（できるようになると何がよいのか）
・どのようにするのか？（わかりやすく簡潔に伝える）
・どのようにすることが「できた！」と言える状態なのか？（明確なゴールを示す）
・「取り組んでみよう」と前向きな気持ちにすることはできているか？

　子どもたちが実践と出会った瞬間に，「これをやってみたい！」「これをやったら成長できる！」と感じることができたら，スタートからしばらくは順調に進むはずです。**最初の出会いの演出に労力を費やすことが，その実践の成功の鍵を握る**と言ってもいいでしょう。

価値ある行動を見つけ，学級で共有する

　実践をすると，子どもたちは様々な行動をします。行動を見ていると，ついよくない行動に教師の注意が行きがちですが，まずは説明したことをしっ

かりやっている子どもに注目していきます。その際，「○○さんが△△してくれて助かります。ありがとう」と感謝の気持ちを伝えるとよいでしょう。

また，よく見ていると教師が驚くような価値ある行動をしている子どもが必ずいます。そういった子どもの姿を積極的に見つけ，学級で共有するとよいでしょう。**共有するときは，「具体的な行動」と「なぜそれに価値があるか」をきちんと説明します。**一般的に，思春期に差し掛かる子どもたちは，学級全体の前で紹介されることを嫌がる傾向があります。「誰」がやっているかについては，子どもたちに合わせて学級全体に伝えたりわからなくしたりするとよいでしょう。

教師がその実践を楽しみ，その実践から学ぶ

教師がその実践に対して厳しい眼差しで子どもたちを見ていては，子どもたちは息苦しく感じます。時間の経過とともにきっと，教師自身も辛くなるでしょう。一番大切なのは，教師がその実践を楽しみ，そして笑顔で子どもたちに語りかけることです。そうすることで，子どもたちはその実践を楽しむようになり，結果として成長していくでしょう。

実践がうまくいかないときも子どもを責めるのではなく，その原因を分析して，取り組み方を修正します。修正することでうまくいったとしたら，それは教師として大きな学びとなります。もしかしたら，何もかもうまくいかず，途中で実践を中止することがあるかもしれません。うまくいかなかったことからきちんと学べば，それを他の場面で生かすことができます。

また，実践をしていると想定外のできごとが起こることがあります。想定外のできごとを否定するのではなく，それらも含めて子どもたちと一緒に楽しみ，学ぶことが大切です。

どんなときも教師が子どもたちから学ぶ姿勢をもつということが一番大切であると言えるでしょう。

実践を進化させる三つのポイント

(松下　崇)

保障されている場所や物，時間をなくす

　実践がうまくいくためには，場所や物，取り組む時間をきちんと保障することが大切です。実践と出会う際，子どもたちが「簡単にできそうだな」と思うように環境を設定することが，意欲を高めるためには必要です。特に「いつやるか」という視点は大切で，「休み時間にやりましょう」「時間があるときにやりましょう」と子どもに伝えるような，時間を保障しない実践は子どもたちの気持ちが離れやすくなります。

　それらの前提を確認したうえで，さらにその実践を進化させるために，あえてそれらを保障しないようにします。教師が積極的に支援しなくても，活動の大切さやよさを子どもたちが理解していれば，進んで取り組むはずです。「**教師に守られた活動**」から「**子どもたちの自律した活動**」に移行していくのです。そのようにすることでうまくいかなかった場合は，子どもたちとどのように環境を設定すればいいか話し合い，改善していくとよいでしょう。

実践の運営を子どもたちに委ねる

　環境の設定を調整しながら，**実践の運営も子どもたちに委ねていきます**。それまで教師がやっていたことを子どもたちが行うということは，その分，視野が広がり，実際に経験する機会が増えることになります。それらに取り組むことで，人間関係を育むことにもつながるでしょう。

　子どもたちに実践の運営を委ねますが，子どもたちに委ねていい内容なの

かどうか，注意が必要です。『小学校学習指導要領（平成29年告示）解説特別活動編』に，「児童の自発的，自治的な活動とするためには，学校として児童に任せることができない条件」の例として，以下のものが挙げられています。

・個人情報やプライバシーの問題
・相手を傷付けるような結果が予想される問題
・教育課程の変更に関わる問題
・校内のきまりや施設・設備の利用の変更などに関わる問題
・金銭の徴収に関わる問題
・健康・安全に関わる問題

　上記の内容にかかわるような場合は，慎重に扱うとともに同僚や管理職と確認したうえで，取り組むとよいでしょう。子どもたちに委ねるようなことがある場合も，あらかじめ上記の内容については基本的に子どもたちだけで取り組むことが難しいことを確認しておきます。

　子どもたちに委ねる具体的な対応については，第２章「あえて隙をつくる!?　子どもを自立させたいときの対応スキル」（p.140）を参考にしてください。

子ども同士の相互評価を増やす

　実践によっては，教師の積極的な評価を減らしていき，子どもたち同士の相互評価を多くしていきます。子どもたちの行動を一番近くで見ているのは，子どもたち自身です。互いの行動に対する評価を伝え合う活動をすることで，子どもたちへの評価の量も格段に増えますし，教師の介入が少なくなる分，子どもたちが自律していくことになります。子どもたちが互いに評価をする際は，人間関係が影響しないように注意することが必要です。

【参考文献】
・文部科学省『小学校学習指導要領（平成29年告示）解説特別活動編』東洋館出版社

第2章

ロケット

「教室環境・学習アイテム」
スキル

\\ 教室環境のスキル //

1 学級目標を子どもたちと作成するスキル

【準備物】学級アンケート，模造紙，画用紙等

―――――― 教師の意図 ――――――

学級目標を子どもたちと作成することで，子どもたち自身の学級目標にするため。

（松尾　英明）

取り組み方・手順

①担任の方針を伝える。
　例「担任に頼るのではなく，自分たちの学級にしていってほしいです」
②アンケートで一人一人の願いを吸い上げる。
　Ｑ１「どんな学級になれたら最高ですか」
　Ｑ２「どんな学級になってしまったら最低ですか」
　記入したものはこちらで誰が書いたかわからないようにランダムにして打ち直し，全員で共有することをあらかじめ伝える。
③アンケート結果をプリントで配付し，全員で一度すべての願いを共有する。
④重要キーワードを選んでもらい，回収＆集計をする。
⑤合言葉と目標を文章化する。
⑥学級目標を作成・掲示する。

ここがポイント！　全員参加で子どもたち自身の目標にする

　この手法は，書籍にはありませんが，原田隆史先生主宰の「東京教師塾」という場で私自身が習った手法です。この「原田メソッド」では，自立型人

間を育てることを目標としており，学級目標づくりもそこに沿っています。

　ここで一番大切なことは，それを子どもたち自身の真の目標にするという一点です。子どもたち発，子どもたち作でないと，意味がありません。

　さらに，できた文言は「目標」であり，飾りではありません。毎日朝の会で復唱する，帰りの会で振り返るなどして，最大限に活用していきます。

　目標になった文言は「今，達成できていないこと」になっているはずです。例えば「やさしい」や「平等」は，いじめをなくしたいという思いであったり，「全力」や「協力」は，みんなで力を合わせて本気で成し遂げる体験をしたいという願いであったりします。

これをやったらアウト！　教師の目標を押しつける

　学級目標づくりで最もやってしまいがちな大失敗が，教師の目標を押しつけてしまうことです。理想は，目標の文言づくりから掲示物作成まで，教師は一切の手出しをしないことです。

　子どもが本当に目指したいと思っていることが大切です。子ども自身の目標を尊重し，子どもが主体の学級づくりに生かしていきましょう。

\\ 教室環境のスキル //

2 子どもたちが学級目標を意識して生活するスキル

【準備物】色画用紙，油性ペン，絵の具，はさみ，のり

―――――――――― 教師の意図 ――――――――――

子どもたち自身が学級目標を意識して生活できるようにすることで，自分たちの成長がわかるようにするため。

（近藤　佳織）

取り組み方・手順

①４月，教師の願いと子どもの思いを組み合わせ，学級目標を決定する。
②台紙を準備し，学級目標の文字を明示する。
③子どもの名前，写真，手形などを載せる。
④教室の所定の位置に掲示する。

ここがポイント！　覚えやすく短いキーワードで提示する

　学級目標は作成した後，教室の所定の位置にただ飾ったままであることが多いと思います。学級目標を意識して生活するためには，覚えやすい短さであること，振り返る機会や掲示に変化があることが必要です。そのため，掲示する際は具体的な行動目標を示す文章より，キーワードにして掲示します。また，目標に関する行為が認められ，価値づけられ，それが掲示に反映され，更新されていくと，子どもの関心が高まります。子どもの実態や教師の考え方により，掲示の作成を子どもに任せることもあるでしょう。学級目標を，子どもの成長の可視化にも活用したいものです。

下部の手形は，クラスの子どもと担任のもの。クラスを一緒につくるメンバーであることを示している。学級目標に関する子どもの姿を，「スマイル」に関するものはハートに，「チャレンジ」に関するものは星に書き，掲示し増やしていった。

これをやったらアウト！ つくったまま飾っておくだけ

　学級目標をつくることは大事ですが，つくって飾って終わりにしないことがさらに大事だと考えています。そのため，学級目標の言葉で子どもが自分の行動を振り返る指針になるよう，あたたかいかかわりが見られたら「それはスマイルになる行動だね」と即価値づけ，苦手なことに挑戦しようとする姿が見られたら「さすが，○○さん。チャレンジしたのがすばらしいね」とその場でフィードバックをしました。そのうえで，ハートや星のカードに書き，掲示します。掲示として物が増えていくのが見てわかると子どもにも笑顔が出てきました。一年間の終わりには，増えたハートと星を見て成長を実感できます。学級目標を成長の可視化ツールとしても活用します。

※本実践は，知的障害特別支援学校中学部での実践です。

\\ 教室環境のスキル //

3 願いをもとに学級キャラクターを作成するスキル

【準備物】どんな学級にしたいか，どんな自分になりたいかの願い

――――――――― 教師の意図 ―――――――――

子どもたちが自分たちで学級目標から学級キャラクターをつくることを通して，学級への愛着を深めていくため。

(髙橋　健一)

取り組み方・手順

①どんな学級にしたいか，どんな自分になりたいかの願いをもつ。
②お互いの願いを伝え合い，分類，整理してキーワードにしていく。
③みんなで話し合いながら，キーワードから学級目標をつくる。
④学級目標のキーワードを託すキャラクターを話し合って決める。
⑤それぞれのキャラクターを合体させて，個人で学級キャラ案をつくる。
⑥学級キャラ案をもとにして，制作委員の選挙をする。
⑦制作委員が，全員の学級キャラ案を合体して，学級キャラをつくる。
⑧お互いの願いを確認して，学級キャラの名前を話し合い，決める。

ここがポイント！　学級キャラへの愛着から学級への愛着へ

　学級キャラをつくる過程では，子どもたちが主体となって，お互いの願いを伝え合い，話し合いながら進めていけるといいでしょう。自分たちで学級キャラをつくったという自負が，学級キャラへの愛着を強めます。学級キャラへの愛着は，やがて学級への愛着へとつながっていきます。

教室環境

誕生日（お楽しみ）会，暑中（残暑）見舞い，年賀状，長期休業明けなど，担任からのメッセージを学級キャラから伝えることもある。愛着のある学級キャラから伝えることで，思わず笑顔になる。

子どもたちと教師の願いのバランスが大切

　学級キャラに願いを託すためには，子どもたちが学級目標や学級キャラを自分たちでつくったという自負が必要になります。子どもたちが，納得のいく話合いの末につくった学級キャラだからこそ，深い愛着が湧くのです。教師は，必要以上に口出しすることなく，その行方を見守りましょう。
　子どもたちの願いだけではなく，教師の願いも含まれた学級キャラになるには，バランスがとても大切になります。教師の願いも子どもの願いと変わらない一つという位置づけが大切です。教師のリーダーシップスタイルとしては，共につくるという協働の見方・考え方になります。

【参考文献】
・髙橋健一「私の学級目標①　目的地に向かうための道標であれ」「教師のチカラ」編集委員会『子どもを「育てる」教師のチカラ　季刊45号　2021春』日本標準

教室環境のスキル

4 子どもと人間関係を育む ぬいぐるみ活用スキル

【準備物】ぬいぐるみ

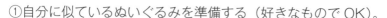

―――― 教師の意図 ――――

学級に担任が大切にしているぬいぐるみを置き，子どもと一緒に世話をすることを通して，担任と子どもの人間関係を円滑にするため。

（髙橋　健一）

取り組み方・手順

①自分に似ているぬいぐるみを準備する（好きなもので OK）。
②学級開きで，ぬいぐるみを紹介する。
③学級だよりで，ぬいぐるみを紹介する。
④様々な場面で，ぬいぐるみを登場させる。
⑤子どもが，ぬいぐるみを世話するようになる。
⑥教師も一緒に，ぬいぐるみを世話する。
⑦ぬいぐるみの世話を介して，教師と子どもがかかわる。
⑧教師と子どもの間に安心感が築かれる。

ここがポイント！　担任とぬいぐるみを結びつける語りかけ

> みなさんの進級を喜んでいるのは健一先生だけではありません。じゃーん「ペンキチ」です。お腹の辺りが健一先生にそっくりでしょう。名前も似ていると思いませんか。先生の名前を「髙橋ペンキチ」だと間違えないでくださいね。私は「健一」，彼は「ペンキチ」，一年間よろしくお願いします。

子どもは世話しているうちに愛着が湧いてくるようである。アクセサリーなどを作って，ぬいぐるみにつけてくれることもある。クラス会議の際にはトーキングスティックの代わりとしても活用できる。

ぬいぐるみは担任の化身

　子どもたちがぬいぐるみをどのように扱っているかは，よく見ておく必要があります。ほとんどの子どもは，大切に扱っていると思いますが，一部の子どもが，あまりにもひどい扱い方（投げる，壊すなど）をしているときは指導します。なぜなら，ぬいぐるみは担任の化身だからです。

　デジタル化した時代ではありますが，私の学級では，暑中・残暑見舞い，年賀状にも登場して，子どもへのメッセージを伝える役割も果たしています。また，欠席した子どもへの連絡用封筒にも登場して（自然と子どもが絵を描くようになります），メッセージを伝える役割も果たしています。

【参考文献】
・髙橋健一「目指す学級をつくる第一歩」赤坂真二編著『一人残らず笑顔にする学級開き』明治図書

教室環境のスキル

5 毎朝の黒板メッセージで勇気づけるスキル

【準備物】黒板，チョーク，日々の子どものよかったところ

――――――――――― 教師の意図 ―――――――――――

毎朝，黒板を使って肯定的なメッセージを伝えることで，子どもたちを勇気づけるため。

（近藤　佳織）

取り組み方・手順

①その日一日を振り返り，学級全体や子ども個々のがんばりや印象に残った点を思い出す（記録する）。
②夕方，教室を整頓し，黒板をきれいにする。
③黒板にメッセージを書く。
④翌朝，朝の会で担任が読む。

ここがポイント！　毎日伝え続ける

　基本は毎日書き，伝え続けることです。担任は，毎日子どもに話をする機会があり，聴覚情報として何らかのメッセージを伝え続けているはずです。
　この黒板の「おはようメッセージ」のよさは，視覚情報として目から入るところにあります。また，朝の会で読むことで，聴覚情報としても伝えることができます。写真に撮り，学級通信に載せることもあります。
　メッセージの内容は様々考えられますが，伝えたいことを絞り，基本的には子どもへの肯定的なメッセージであることが望ましいと考えます。

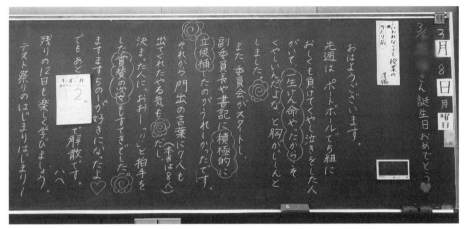

子どもたちに伝えたいことを記すが，根底は子どもが「先生が認めてくれた」「このクラスでよかった」「今日もがんばろう」と思える勇気づけメッセージになるよう心がけている。

これをやったらアウト！　途中で伝えることをやめる

　職場の先輩の実践を真似て，担任時代は黒板メッセージを続けてきました。時代も変化し，心がけていることは，二つあります。

●**毎日大量に書きすぎない**

　大量の文字ばかりだと視覚情報として圧迫感があります。情報の入力に課題のある子どももいるため，伝えたい内容を絞り，量を抑える，時にイラストを入れるなどし，重くなりすぎないようにしています。

●**途中でやめない**

　もし，意図をもって始めたら，途中でやめないことです。形を変えながらでも毎日続けていくなかで必ず伝わるものがあると思っています。

\\ 教室環境のスキル //

6 不在時に教師のメッセージに注目させるスキル

【準備物】ラミネートした似顔絵，マグネット

――――――――――――― 教師の意図 ―――――――――――――

教師の似顔絵をつけて板書することで，教師の思いや願いに注目させるため。

(尾下 瑛)

取り組み方・手順

①教師の似顔絵を画用紙などに描く。
②似顔絵を描いた画用紙をラミネートし，裏にマグネットを貼る。
③黒板に活動の指示やメッセージを書き，似顔絵を貼る。

ここがポイント！ 期待を込めたメッセージ

　出張等で教師が不在になるとき，子どもは板書を見ながら自習をしたり行動したりする場面があります。その際，教師は，黒板を使って子どもたちにその時間にやるべきことや注意することを伝えます。もちろん，事前指導は行いますが，板書を見れば，活動の手順や時刻がわかるようにする必要があります。
　板書のなかに似顔絵を入れることで，子どもたちが教師の思いや願いに注目し，それらが伝わりやすくなります。吹き出しを使って，教師が「どんなことを期待しているか，何を考えてほしいか」というメッセージを書くと，子どもはより意識するようになるでしょう。

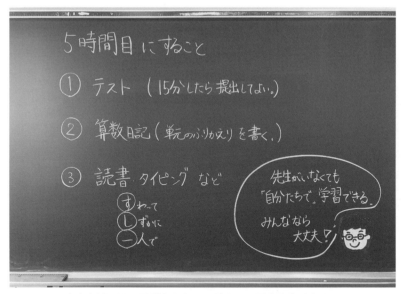

吹き出しには，子どもたちへの励ましの言葉を書くとよい。

これをやったらアウト！ 禁止事項を多く伝える

　出張等で教師が不在のとき，「子ども同士のトラブルが起きないか」「他の教師は自分のクラスを見てどう思うか」ということが気になり，ついつい「他のクラスに迷惑をかけないように」「おとなしくするんだよ」といった禁止事項を伝えがちです。「教師がしてほしくないこと」ではなく，子どもたちに期待する姿を思い描き，励ますように伝えることが大切です。

　ただし，期待をかけても，できないことやトラブルが起きることもあります。そのときは，次に向けて改善点を話し合う指導のチャンスと捉え，ていねいに何があったかを聞き取ることから始めていきましょう。

【参考文献】
・赤坂真二編著・松下崇著『学級を最高のチームにする！365日の集団づくり　6年』明治図書
・多賀一郎著『ヒドゥンカリキュラム入門』明治図書

教室環境のスキル

7 指導内容を効果的に掲示するスキル

【準備物】拡大した指導内容の掲示物,ラミネート

――――――――――― 教師の意図 ―――――――――――

子どもに学級内で共有したい指導内容や価値を,教室内に常に見られるように効果的に掲示し,指導内容を定着させるため。

(久下 亘)

取り組み方・手順

①子どもに学級内で定着させたい指導内容や価値を口頭で話す。
②話した内容を図や言葉を使って,子どもにわかりやすく作成する。
③作成した掲示物をラミネートし,子どもがよく通るところに掲示する。

ここがポイント！ 何度も見たくなる工夫をする

　この掲示物は年間を通して何度も確認したり,話し合ったりしながら,子どもと共に教室に根づかせたい価値観や文化の定着を図るものです。ですから,子どもたちが何度も見返したくなるような内容や文言にすることが大切です。特に下学年は,長い文章では内容を理解できないので,キャッチーで短い言葉を入れたり,イラストを入れたりした掲示物を作成することで,子どもが掲示物を目にして,キャッチーな言葉を何度も繰り返すことができるように工夫します。また,掲示されている内容は学級で共有したい価値観や文化なので,掲示物を見ている姿や言葉にしている姿を見つけて肯定的な声かけをすることで,全体への共有を図ります。

教室環境

子どもと共有したい価値観や文化なので、見やすい大きさで作るとよい（写真はＡ３判で作成）。また、年間を通して掲示しておくものも多いので、ラミネートをしてきれいな掲示物にすることも大切。

これをやったらアウト！　命令しているように感じる掲示物 ★

　子どもと共有したい指導内容や価値ですが、教師が子どもに命令しているような形の掲示物では、教室文化として根づきにくくなってしまうことが考えられます。子どもが教師の話す内容の価値の大切さに気づき、自分から「守りたい」という気持ちにするためにも、掲示物の文言や文章は柔らかい表現だったり、つい口にしたくなったりする言葉を載せるように心がけましょう。また、「～しない」という文言もできるだけ避け、肯定的な言葉でリフレーミングした方がよいでしょう。

第２章　ロケット「教室環境・学習アイテム」スキル　　035

＼＼ 教室環境のスキル ／／

8 オリジナルカレンダーで意欲を引き出すスキル

【準備物】画用紙，カードリング

――――――――― 教師の意図 ―――――――――

子どもたちへの励ましの言葉を日めくりカレンダーにまとめ，掲示することで，子どもたちの意欲を引き出すため。

(松下　崇)

取り組み方・手順

①31枚のＡ４画用紙に穴をあけ，カードリングで束ねる。
②１枚目から順に数字と子どもたちに伝えたい励ましの言葉を記入する(必要に応じて，挿絵や写真を貼る)。
③子どもたちの目につきやすいところに掲示する。

ここがポイント！　①子どもたちに響く言葉を載せる

　子どもたちは，学校生活を送っているなかで様々な困難な場面に出会います。そのようなとき，勇気づける言葉が子どもたちに力を与えることがあります。教師が子どもたちにかける励ましの言葉や子どもたち同士の会話から生まれる名言を選び，日めくりカレンダーにまとめます。
　載せる言葉は，ことわざや慣用句，名言等から引用してもいいですが，学校生活のなかで教師や子どもたちが使用する言葉から作成すると，より勇気づけられるでしょう。必要に応じて写真を貼ったり，子どもたちが挿絵を描いたりすることでより親しみをもった日めくりカレンダーになります。

教室環境

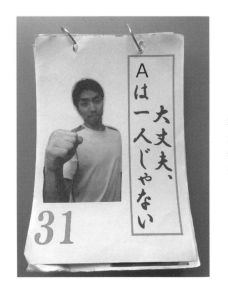

写真は神奈川県公立小学校・平綿有斐教諭が作成したものを，児童名を隠すために筆者が加工した。年度の途中で転出する子どもに向けたメッセージとなっている。

ここがポイント！　②子どもたちと一緒に作る

　４月の最初に一年間の学校生活を想像し，31個の励ましの言葉を作成することは難しいと思います。そこで，最初の何枚かは教師の願いを込めたものを作成し，その後は学級で募集したり，子どもたちが作文等で書いた文章から引用したりして，子どもたちと一緒に作成していきます。子どもの写真を掲載する際は，学級全員が写っている集合写真や複数名ずつ写っている写真を順番に使用する等し，特定の子どもたちだけが載っていることのないようにするとよいでしょう。

【参考文献】
・この実践は，松岡修造著『［日めくり］まいにち，修造！』（PHP研究所）を参考に，学級版オリジナルカレンダーとして考案した。
・類似のものとして，菊池省三著『菊池省三先生の価値語日めくりカレンダー』（中村堂）がある。参考にするとよい。

第２章　ロケット「教室環境・学習アイテム」スキル

\\ 教室環境のスキル //

⑨ 一日の見通しをもち安心して生活できるようにするスキル

【準備物】ホワイトボード，テープ，各種プレート

――――――――――――― 教師の意図 ―――――――――――――

はっきりとした見通しがないと不安になってしまう子どもたちが，一日の予定や持ち物を確認し，安心感をもてるようにするため。

(髙橋　健一)

取り組み方・手順

①ホワイトボードに，テープで一日の予定が表せるような枠を作る。
②時計の絵（始まりと終わりの時刻）が付いた時限のプレートを準備する。
③学年に応じて，教科・領域を表すプレートを準備する。
④当番が，ホワイトボードに各種プレートを貼り，一日の予定を表す。
⑤当番が，担任や教科担任に持ち物を確認して，ホワイトボードに書く。
⑥週プログラムがある学級は，当番がそれを見ながら表す。
⑦特別な支援が必要な子どもがいるときには，本人が一日の予定を表す。
⑧はじめは教師が一緒に一日の予定を確認して，少しずつ本人に任せる。

ここがポイント！　一日の予定を見通して，安心感をもつ

　子どもたちが一日の予定を見通して，安心して過ごすことは，様々な活動への意欲につながります。予定の見通しがもてないと，不安を抱える子どもがいます。視覚的に一日の予定や持ち物が確認できるホワイトボードがあることは，自分たちで考え，判断し，行動することを促します。

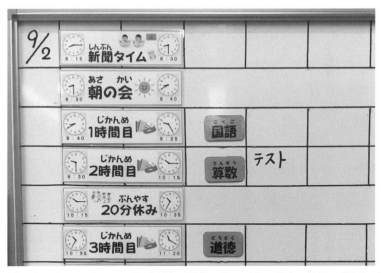

朝活動，朝の会，1限から6限（教科・領域），休み時間，給食，清掃，縦割り班活動など，ホワイトボードにプレートを貼って確認する。持ち物も書いておくと，教師からの声かけがしやすくなる。

急な予定変更はていねいに確認を

　年度はじめに校時表や学級の時間割を配付すると思います。しかし，その通りに授業をする週は，一年間のうちにどれくらいあるでしょうか。そこで私の学級では，一週間の予定が示された週プログラムを採用していました。学校生活の見通しをもつことに役立っていたと思います。

　それに加えて，一日の予定をより詳しく表して見通しをもつことで，安心感が増し，授業準備や教室移動など，子どもたちが主体的に行動することにつながります。しかし，急な予定変更をしてしまうと，すべてが水の泡です。どうしても予定を変更せざるを得ない場合は，子どもとていねいに確認します。

教室環境のスキル

10 学習機会を保障する忘れ物対応スキル

【準備物】引き出しボックス，貸し出すもの（鉛筆，消しゴム，ノートのコピー等）

──── 教師の意図 ────

忘れ物をしたときも学習用具を貸し出すことで，学習機会を保障するため。

（尾下　瑛）

取り組み方・手順

①引き出しボックスを準備する（ホームセンターで買える）。
②鉛筆や消しゴム，ノートのコピーなど学習活動に必要なものを入れる。
③学習用具を忘れた際には，必要に応じて使用することができると伝える。

ここがポイント！　忘れ物は誰でもすると思って対応する

「忘れ物」は誰もがしてしまうものです。毎日使う鉛筆や消しゴム，ノート等や習字セットのようにないと学習できないものは，子どもたちが借りられるようにします。忘れたことで困っている子どもには，「大丈夫。先生のを使って一緒に学習しよう」と声をかけ，安心させましょう。
　しかし，忘れ物をする子どもが多いと対応することが難しくなります。学習用具を貸し出すようにするだけでなく，忘れ物を予防していく必要があります。教科書や問題集など頻度は少ないけど毎週使うものは，事前に集めておき学校で保管します。絵の具セットを使用するときなども早めに連絡し，早めに学校に持ってきておかせます。

①  ②

教室環境

①引き出しボックスには，白紙Ａ４，漢字ノート，方眼紙ノートのコピーを入れている。
②集めたものはケースに入れて保管すると，整理しやすい。

これをやったらアウト！　忘れ物をしたから学習をさせない

　忘れ物をしたから学習をさせないというのではなく，忘れ物が続かないようにする方法を考えさせたり，対処法を教えたりすることが大切です。忘れ物をすることで，自分が困ったり，周囲にも迷惑がかかってしまったりすることに気づかせ，自ら学習用具を準備・管理できるように働きかけましょう。付箋を活用したり，連絡帳に赤線を引いたりするなど自分に合った方法を子ども自身で見つけられるといいでしょう。

【参考文献】
・青山新吾・堀裕嗣編『特別支援教育すきまスキル　小学校上学年・中学校編』明治図書

＼＼ 教室環境のスキル ／／

11 教師用机の四次元ポケット化スキル

【準備物】なし

――――――――――――― 教師の意図 ―――――――――――――

教師が使うモノを整理整頓することで効率化を図り，大切な仕事に集中できるようにするため。

(松尾　英明)

取り組み方・手順

①机の上のモノをまずは全部どける。何ものせないと決める。
②「週１回以上必ず使うであろうモノ」だけを机の右袖最上部に入れる。
　例：ペン，はさみ，のり，セロテープ，ハンコ，ホチキス，クリップ等
③右袖中段には時々使うことのあるモノ，下段はファイル入れのように，自分の使いやすい配置を決める。正面の薄い引き出しは「一時避難場所」なので，基本的に何も入れないと決める。
④その他，時期によって時々使う程度のモノは，棚へ移動するか，捨てる。

ここがポイント！　モノの住所を決めて，必ず戻す

　働いている時間のうち何割かは，探し物に使われると言われています。貴重な時間を費やして，モノ探しに頭を悩まされるわけです。これは無駄です。ここでいう「四次元ポケット化」とは，必要なモノがさっと出せる状態を指します。つまり，モノを探さないで出せるという理想な状態です。
　本書が「ロケットスタート」とある通り，スタート時点が最も大切です。

 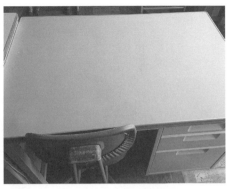

左は職員室の机で，鍵付きのPC他周辺機器がある状態。右は教室の教師用机で，基本的に何ものせない。スペースが空いているため，職員室の方は訪問客の作業机，教室の方は休み時間の子どもの遊び場になりやすい。

　最初から，「余計なモノは入れない」と決めておくのです。モノが住まう場所を決めておき，そこには「家賃」が発生しているとみなします。

　また，モノは放っておけば増えるという原則がありますので，定期的に捨てる必要があるのも忘れてはいけないポイントです。

これをやったらアウト！「例外」を認める

　「そうは言ってもつい……」と，例外的に机の上にモノをのせてしまうことがあるかと思います。これが「四次元ポケット化」の大敵です。結局，余計なモノの間を探し回って必要なモノが出てこないという羽目に陥ります。この習慣は，仕事への取り組み方そのもの。授業の在り方に反映します。余計なことを抱え込みすぎて，大切なことができていないのでは，本末転倒です。モノは自分の内面を表すもの。例外なく，余計なモノは潔く捨てていきましょう。

【参考文献】
・近藤麻理恵著『人生がときめく片づけの魔法』サンマーク出版
・松尾英明著『「あれもこれもできない！」から…「捨てる」仕事術』明治図書

第2章　ロケット「教室環境・学習アイテム」スキル　043

教室環境のスキル

12 机周りを整頓できるようにするスキル

【準備物】引き出しの入れ方表示例

――――――― 教師の意図 ―――――――

机周りを子どもが整頓する時間をとったり，視覚支援をしたりすることで，快適な環境のなかで生活できるようにするため。

（近藤　佳織）

取り組み方・手順

①机の引き出しのどこに何を入れるかを決め，指導する。
②机の両脇にかけるものを決め，指導する。
③①と②は定期的に確認し，整頓する時間をとる。

ここがポイント！　机の両脇にかけるものは最低限にする

　机の両脇にはなるべく多くのものをかけないようにするのがポイントです。子どもが通る際のケガの防止や清掃時に机を運びやすくするためです。
　机の引き出しも脇も子どもが定期的にチェックし整頓する時間をとります。普段から整頓している子どもはすぐに終わりますし，整頓の意識がない子どももやる時間を設定することで長い間放置することを防げます。おすすめは帰りの会のなかに「すっきりタイム」という整頓時間を入れることです。学年や実態に応じ，一日おき，毎週金曜日などと行うときを決めるとよいでしょう。

①

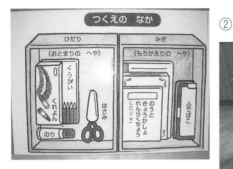

②

①は机の引き出しの整頓例を示したもの。指導に使い，教室に掲示し，定期的に時間をとって整頓する。②は子どもの机周りの写真。両脇と前にかけるものを決め，見本になるよう写真を掲示しておく。

これをやったらアウト！　最初だけ指導する

　年度はじめに指導しただけで，あとは子どもに任せるとすると引き出しも机の周りも整頓する力は身につきません。ロッカーの整頓も同様です。

　毎週末の帰りの会の時間など定期的に整頓の仕方を指導し，時間をとって子どもが自分で整頓できるようにします。

　机のなかの引き出しを机の上に出して下校することにしたことがあります。そうすることで整理することにつながり，机の奥底に配付物や返したプリントが大量にたまることを防ぐことができます。

教室環境のスキル

13 子どもたちの自己決定を促す座席決めスキル

【準備物】座席の希望を調査するアンケート（Google Forms で作成してもよい）

──── 教師の意図 ────

子どもが，自分を成長させるために座席を希望し，決定した場所で意欲的に学習に取り組めるようにするため。

(久下 亘)

取り組み方・手順

①子どもに教師が条件をつけた座席を提示する。
　(例)一番前：身長や視力の関係で前がよい，後ろだと集中できない，ついおしゃべりをしてしまう。／一番後ろ：自分を律して一生懸命がんばれる。など
②条件に合う席を自己申告で希望を出し座席を決定する。希望が重複した場合は，教師が見ているところで話し合って座席を決定する。
③実際に決定した座席で日常生活を過ごし，子どもの前向きな学習態度に肯定的な声かけを行う。

ここがポイント！　学校で学ぶ意味，座席の役割を伝える

　学校で学ぶ意味や教室の座席の役割を子どもに言葉で伝えておきます。教師が子どもに中心となって決めることを委ねることは，子どもを信頼しているからであると伝えておくことも重要です。

せきがえについてのアンケート

（共有なし）アカウントを切り替える

*必須

①あなたのしゅっせき番号は何番ですか？ *

回答を入力

②せきを決めるときに、先生にはいりょ（考えてほしい）ことはありますか？ *

○ ある

○ ない

上記のようなアンケートを作成し，タブレット端末を用いて子どもたちに回答してもらう。あらかじめ，Google Forms で作成しておくと回答時に集計も子どもたちで行ってくれるので非常に便利。

これをやったらアウト！　座席の意味を用いた厳しい指導 ★

　子どもは意欲的に自身の席を希望し，学校生活を営みますが，常にこちらが提示した条件の通りに動けるわけではありません。時には，一番後ろにいても，気持ちが抜けてしまい，一生懸命学習に取り組む姿が見られないことがあるかもしれません。しかし，そのときに「あなたが一番後ろを選んだんだからね！」「この席なんだからしっかりやりなさい！」といった厳しい口調で注意してしまうと，子どもとの信頼関係が崩れてしまいます。

　本実践は子どもへの信頼を指導のベースにして行うと，効果を発揮するスキルなので，子どもたちの意欲が前向きになる言葉がけや肯定的な面を取り上げて声かけをするとよいでしょう。また，適切な行動には肯定的なフィードバックを行うとさらによいでしょう。

第2章　ロケット「教室環境・学習アイテム」スキル　047

\\ 教室環境のスキル //

14 目的に合わせた活動別の机配置スキル

【準備物】なし

──────── 教師の意図 ────────

固定した机の配置にとらわれず，活動の目的に合わせた机の配置にすることにより，学習効果を高めるため。

（松尾　英明）

取り組み方・手順

①活動の目的をはっきりさせる。
　例：「教師の話に集中させたい」「クラス全体で顔を合わせながら話し合えるようにしたい」「子ども同士の対話を中心とした授業にしたい」
②活動の目的に合った机配置に並べ替える（必要に応じて，すぐに動かしやすいように目印等をつけておく）。

ここがポイント！　机の配置が学習の仕方を左右する

　机配置というのは明確な目的があり，ただ単に机が並んでいるわけではありません。例えば日本の学校で最も一般的な，全員が黒板の側を向いて並んでいる机配置を「スクール型」と言います。これは，教師など前に立っている人の話に集中するのに最も適した形で，教師→子どもという一斉伝達が基本前提となっています。
　一方で，給食時や理科室での実験時などに用いる「班型」の机配置があります。これは，子ども同士の対話や協働作業が前提になっています。

左の机配置は「班型」を応用した「アイランド型」と呼ばれるものです。教室中央に空間があり，ここが交通の場であり交流の場でもあり，発表の場でもあります。

子どもが主体性をもって学習ができる机配置であり，黒板の方を向かないという前提があります。

次は「コの字型」と呼ばれる配置で，資料を読んだりノートに書いたりしながら話し合う，道徳の授業や学級会などでよく用いられます。

司会が前にいることで話合いの主導権を握り，意見共有のための黒板も使用しやすい型です。

机を教室の端に寄せて，椅子だけで円をつくる「円座型」もあります。「クラス会議」のような，全員平等な立場でのオープンな話合いに用います。机がない分，子ども同士の距離が近く，話合いに最も集中できる型です。

これをやったらアウト！　惰性でいつも同じ机配置にする

机の配置には学習のねらいが反映します。ねらいに応じて変えましょう。

【参考文献】
・家本芳郎著『ザ・席替え』学事出版
・岩瀬直樹著『クラスづくりの極意』農山漁村文化協会

\\ 教室環境のスキル //

15 子どもが安心して学べる黒板周りの整備スキル

【準備物】なし

――――――― 教師の意図 ―――――――

黒板周辺の余計な視覚情報を排除することで，子どもが学習に集中できるようにするため。

(松尾　英明)

取り組み方・手順

①黒板及びその周辺に貼ってあるものをすべて剥がす。
②教師用の戸棚などにも目隠しの布をかけて，中身を一切見えなくする。
③チョークは色覚異常にも対応したものを用意できると望ましい。

ここがポイント！　視覚情報を限定する

　黒板周りをすっきりさせることは，注意が散漫になりやすい子どもにとって，集中力を持続するために大切です。
　単純に，黒板周辺の視覚情報が多いことによって，集中力が乱れます。前を向いたとき，黒板の文字しか情報を発するものがなければ，否が応でもそこに集中できます。
　これは，集中力に問題のない人には，わかりづらい感覚かもしれません。例えば「テレビ画面がついているだけで，一緒にいる人との会話にまったく集中できない」という人は一定数います。目の前の会話の視覚及び音声情報よりも，カラフルなテレビの動画に目をもっていかれるわけです。
　よって，学習に集中できる環境を整えるためには，黒板周辺の余計な刺激

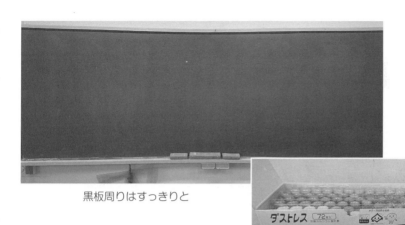

黒板周りはすっきりと

どの子どもにも見やすいチョークを使う

を一切遮断することがポイントになります。

　また，色覚異常をもつ子どもはどのクラスにも数％存在します。この子どもは，普通に赤や青チョークで書いた文字が黒と一体化して読めません。色覚異常に対応した特別なチョークを用いる，強調したい文字は黄色で書くなどします。

　集中力が途切れがちな子ども，色覚に困難がある子どもなど，多様な子どもたち全員にとって助かる配慮をすることが大切です。

これをやったらアウト！　「必要だから」と例外をつくる

　ここまで言っても，学校で定められた掲示物以外を「例外」として貼ってしまうことがあるかもしれません。

　一つ例外をつくると，止まらなくなります。一切貼らないと決めて，黒板周りの空間は「シンプルイズベスト」を保ちましょう。

\\ 教室環境のスキル //

16 紙の分別・再利用スキル

【準備物】教材が入ってくる段ボール箱（もしくは，プラスチックのケース），画用紙などの紙，ペン

――――――― 教師の意図 ―――――――

子どもたちが紙の分別や再利用をする環境を整えることで，一見不要なものも使用できるという意識を育むため。

(久下 亘)

取り組み方・手順

①段ボール箱あるいは，100円ショップで売られているプラスチックケースを用意し，子どもが再利用を意識しやすい表示とともに設置する。

②子どもに，配付物で余ったプリントは(1)なくしたときにもらえるようにする箱，(2)裏面を再利用するための箱，(3)古紙にする箱，に分けて入れるように話す。また，分別がわからない場合は教師に聞くように伝える。

③生活のなかで，分別している様子を見守り，積極的に行動している子どもに肯定的な声かけをするとよい。

ここがポイント！　リサイクルを意識づける声かけ

本実践は，子どもに身の回りのものを大切に扱おうという意識と，自分たちの生活には目的や使う人によって，一見不要だと感じるものも必要になるという意識を日常生活のなかで育むことを目的に行います。ですから，子ども以上に教師が行動や態度で示すことも子どもに意識づけるポイントになります。

段ボール箱やプラスチックケースなどを置く。その際に，適当に置かせるのではなく，Ａ４判とＢ４判のプリントがきれいに収まるケースが用意できると用紙が整頓でき，より分別しやすくなる。

これをやったらアウト！　すべてを一つの箱に入れる

　分別をするときのポイントは，分別しやすい場の工夫（箱の大きさや目的を変えること）が必要です。ですから，紙の大きさに合わない箱を用意してしまうと，そのなかに乱雑に用紙が入ってしまいかねません。その光景は乱雑な教室の印象を与えることにもつながってしまいます。ですから，紙の大きさに合わせた箱の用意が必要となります。

　また，定期的に教師が子どもの分別の場を点検したり，子どもの分別の様子を観察したりしながら，子どもに肯定的な声かけをします。

【参考文献】
・堀裕嗣・大野睦仁編著『小学校高学年　学級経営すきまスキル70』明治図書

＼＼ 教室環境のスキル ／／

17 提出状況がひと目でわかる宿題回収スキル

【準備物】宿題提出箱（国語用，算数用など），厚紙，紙コップ

―――――――――――― 教師の意図 ――――――――――――

宿題が未提出の子どもをすぐに把握し支援することによって，家庭学習に取り組めるようにするため。

(尾下 瑛)

取り組み方・手順

①厚紙を切って札の状態にし，一人一人の出席番号を書く。
②宿題提出箱を用意し，紙コップに札を入れておく。
③登校後，自分の出席番号の札を取り，ノート等に挟んで提出箱に入れる。
④紙コップを見て，朝の時間に残っている札を回収する。
⑤未提出の子どもたちに声をかける。
⑥教師は，宿題を確認後，札を紙コップに入れる。

ここがポイント！ 取り組み方を子どもと一緒に考える

　札があることで，提出した子どもをすぐに把握し，提出を促すことができます。宿題を忘れた際には，自己申告するよう事前に説明し，その子どもとどうするかを話し合うことができます。

　宿題の回収では，未提出者に目を向けがちですが，同時に，提出者にも目を向けることが大切です。宿題ができていなかった子どもが提出したときや継続してできるようになってきたときには，一緒に成長を喜びましょう。

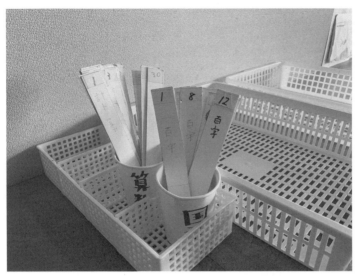

提出物の種類（国語，算数，音読など）ごとに札が必要になる。

これをやったらアウト！　未提出者に罰を与える

　全体の場で未提出者を問い詰めたり，子ども同士でチェックをさせたりすると，未提出者を責めるようになることがあります。そうなると，子どもの意欲が下がるだけでなく，関係性も悪くなります。宿題を提出できない子どもは，能力面や環境面などの様々な背景をもっている可能性があります。宿題をするには，自ら課題に取り組もうとする意志が必要です。「なぜ，できないか」を問うのではなく，「どうすれば宿題ができるようになるかを一緒に考えよう」と寄り添うことで，やる気を引き出すようにしましょう。

【参考文献】
・青山新吾・堀裕嗣編『特別支援教育すきまスキル　小学校上学年・中学校編』明治図書

＼ 教室環境のスキル ／

18 日直の仕事を見える化し，安心して取り組ませるスキル

【準備物】日直仕事一覧，司会マニュアル

―――――――――― 教師の意図 ――――――――――

日直の主な仕事を朝の会，帰りの会の司会とし，マニュアルを作成し，進行が誰でもできるようにするため。

（近藤　佳織）

取り組み方・手順

①朝の会，帰りの会で行う内容を決める（朝の歌など学年や学校で必ず行うことがあればそれを入れる）。
②年度や学期はじめに，日直の内容や司会の進め方を子どもと確認する。
③日直の司会マニュアルを作成する（ラミネートするとよい）。
④司会マニュアルはその日の日直の机の脇にかけ，次の人に回していく。

ここがポイント！　日直は二名ずつとし心理的負荷を下げる

　学級を安心して話せる場にするとともに，話す機会を設け，経験を積ませたいものです。しかし，前で話すことが苦手な子ども，人前に立つと極端に緊張する子どもがいます。「日直がしたくない」と，朝，教室に入るのを渋った子どももいました。そこで日直は二名ずつとし，一緒に司会を進めてもいいし，一人ずつ交代で進めてもいいとしました。また，日直の仕事は司会を中心にし，教室内の様々な仕事は一人一当番活動で振り分けます。日直になった日は，あれもこれもしなければならない状態をつくらないようにします。

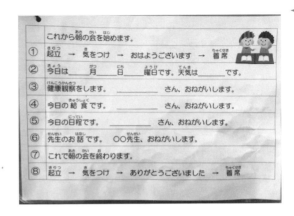

左は，日直の仕事を記し，子どもと共通理解した後，教室に掲示したもの。「日直がその日のリーダー」としたため，④には当番活動が終わったかどうか，当番のプレートを確認する仕事を入れた。右は，特別支援学校での日直の司会マニュアル。話すセリフをすべて示した。緘黙の子ども，発語のない子どもがいる際は，指で押さえることで，声の代わりとした。

これをやったらアウト！　目的を定めないままやらせる

　日直が号令，黒板を消す，窓を開ける，窓を閉める，配付物を取りに行くなど，一日で様々なことをしなければならないということはありません。

　以前は，日直を当番活動の最終的な責任者と位置づけ，仕事の終わりを確認する表を見て，窓閉めがされていなければ代わりにやって帰るとしたこともありました。しかし，最近は日直制度の目的を「決まった流れの司会をする経験をする」「朝や帰りの挨拶などで声を出す経験をする」とし，いつもより少しだけ張り切る機会としています。日直でどんな力をつけるかを考えて子どもに伝え，内容や必要に応じて見える化したり，手助けになったりするものがあるとよいと考えます。

＼＼ 教室環境のスキル ／／

19 いつでも見直せる！掃除の手順を把握させるスキル

【準備物】そうじマニュアル（ラミネート），封筒を切ったもの

―― 教師の意図 ――

掃除の手順等をまとめた「そうじマニュアル」を確認できるようにすることで，何をすればいいか子どもたちが明確に理解できるようにするため。

（松下　崇）

取り組み方・手順

①掃除の手順やチェック内容についてまとめた「そうじマニュアル」を作成する。
②授業の時間等を使って，学級全体で掃除の手順について確認する。
③「そうじマニュアル」を掃除用具入れ等にポケットとともに掲示し，いつでも見直せるようにしておく。
④掃除の手順がわからなくなっていたり，掃除がうまくできていなかったりしたとき等に「そうじマニュアル」を見直すよう，適宜声かけをする。

ここがポイント！　掃除の手順を無駄なく，明確にすること

　子どもたちは掃除の手順やどのような状態にするといいのかがわからないと，掃除の時間にふざけて遊んでしまったり，掃除場所にゴミや汚れが残っていたりすることがあります。そこで，それらが明確にわかる「そうじマニュアル」を作成し，いつでも見られるようにします。子どもたちは自分で「そうじマニュアル」を見直しながら，掃除のスキルを身につけていきます。

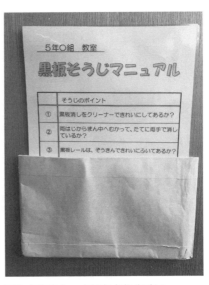

分担する場所やそれぞれの役割でマニュアルを作ると、よりわかりやすい。
封筒を半分に切ったものや作品ホルダー等を使用すると掲示しやすい。

これをやったらアウト！　教師がマニュアルの存在を無視する

　子どもたちにとってみれば、先生が指示してくれるのであれば、わざわざ自分から「そうじマニュアル」を確認することはしないでしょう。掃除の手順を整理し、子どもたちとていねいに確認したのならば、教師が直接、子どもに指示をすることは極力避けましょう。

　また、子どもたちの実態や実際にやってみて「そうじマニュアル」と違った手順等になった場合には、口頭で確認するだけではなく、「そうじマニュアル」を作り変えて掲示し、学級全体で確認します。「実際は守らなくてもいい」と子どもたちが思わないようにきちんと整理しておくことが大切です。

【参考文献】
・多賀一郎編・チーム・ロケットスタート著『小学5年の学級づくり＆授業づくり　12か月の仕事術』明治図書

\\ 教室環境のスキル //

20 掃除当番を子どもたち自身で運営できるようにするスキル

【準備物】個人名や出席番号マグネット，掃除めあてカード

――― 教師の意図 ―――

集団の成長を見通して掃除当番表を用意し，成長段階に応じて変化させることで，子どもが自己の成長を意識できるようにするため。

（佐藤　翔）

取り組み方・手順

①子どもや学級集団の実態をふまえ，4月当初は個人名や出席番号が入ったマグネット等で一人一人の仕事やリーダーを明確にする。
②しだいに掃除場所ごとの分担のみ示し，これまでの分担をモデルにしつつ，役割分担や変えるタイミングなどを自分たちで考えられるように移行する。
③任せる代わりに，掃除を通してどんな自分を目指したいか，掃除中にどう声をかけてもらいたいかがわかる掃除めあてカードを作成させる。
④掃除のコツを当番が変わった際に伝える取り組みなど，自発的に考えた取り組みを称賛し，相互貢献，自己成長を意識した掃除活動にする。

ここがポイント！　掃除当番表は自己成長の布石と捉える

　マグネットや丸く切った画用紙を回す掃除当番表は，学級組織当初は掃除の流れをスムーズにするために必要なものかもしれません。しかし，それだけの目的で一年を過ごすと，子どもは何も考えずに，ただ従うだけの人間になってしまいます。実態を見てそのことを子どもに伝え，空間をきれいにするだけでなく，成長するための時間として認識させたいものです。

そうじお仕事表　　　　第　1　かい

教室							
黒板/配膳台	ふき①/バケツ	たな/レール	ほうき①	ちりとり/ごみすて	ふき①	ふき前方	1号車
1	2	3	4	5	6	7	
黒板/配膳台	ふき②/バケツ	たな/レール	ほうき②	ちりとり/ごみすて	ふき②	ふき前方	2号車
8	9	10	11	12	13	14	
ほうき③	ふき③/バケツ	ロッカー	ふき③	本棚/せいり	ギガタブ棚/せいり		3号車
15	16	17	18	19	32		

むらさき色がリーダー、バケツの用意、はんせい会をします

ろう下		2とうかいだん1～2		2とうかいだん2～3	
ほうき/ふき	ちりとり/ふき	ほうき/ふき	バケツ/ふき	ほうき/ふき	ちりとり/ふき
20	21	22	23	24	25

教室環境

　そのために，当番表があるうちに，どう動いて人数はどのくらい必要かという成功モデルを体験させるのです。その後自分で掃除の仕方を工夫する子どもを紹介したり，表彰したりすることでたくさんの成功モデルを示します。

　様々な実態を認めつつ，自己成長に臨む子どもたちを応援したいものです。

これをやったらアウト！　やらない人を罰するための当番表 ★

　最初のうちは，担任としても気になる子どもをフォローするために誰がどの掃除場所かを把握しておきたいこともあるでしょう。ですが，「○○さん，掃き掃除でしょ！！」とただぼーっと待っている子どもに怒っても，その子どもは社会に出たときに通用しません。掃除は人を罰するために行っているのではありません。できていないところをフォローしつつ，「時間に間に合うように次は来てね」などと言える方が大切です。

第2章　ロケット「教室環境・学習アイテム」スキル

\\ 教室環境のスキル //

21 既習事項を学びの軌跡として掲示するスキル

【準備物】画用紙，模造紙，油性ペン，授業で使用した図

――――――――――――― 教師の意図 ―――――――――――――

既習事項を使って本時の課題を解決する際，掲示物を見ながらそれまで学習したことを確認し，活用できるようにするため。

（近藤　佳織）

取り組み方・手順

①単元を通した教材研究を行い，毎時間の授業のねらいを押さえる。
②授業後は板書をもとに学びをまとめ，掲示を作成する。
③単元を通して掲示しておき，活用する。

ここがポイント！　既習事項をまとめて視覚化する

　算数では，前時までの既習を活用し本時の課題を学習することが多く，既習事項の積み重ねが大きく関係します。そこで単元を通して毎時間の既習事項をまとめたものを教室に掲示し，子どもたちが振り返り，思考する際の手助けになるようにしています。

　例えば，5年「図形の角」の単元では，三角形の内角の和が180°である復習から，四角形の内角の和を求め，さらに多角形の内角の和へと思考を進めていきます。その際，活用する素材として既習事項の掲示が有効です。

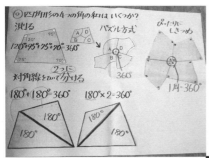

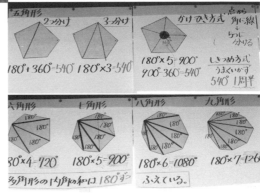

5年生算数「図形の角」の実践。授業後既習事項を一定期間掲示した。よく目に触れることで自然と確認し、問題を解く際に活用するようになり、定着を図った。

これをやったらアウト！　テストの前に掲示を剥がす

　単元末のテスト前に，見てしまわないように掲示物を取るという人もいますが，私はそのまま貼っておきます。長期記憶にするためです。掲示を見なくても解ける子どもは掲示など最初から気にしません。「見てはいけない」とし，直前で丸暗記した公式や角度，用語でその日のテストを乗り切っても本当に理解したとは言えません。掲示を見ることで思い出し，多少のヒントになったり，理解を助けたりするのなら掲示があってもよいと考えます。

\\ 教室環境のスキル //

22
鮮度を意識して
掲示物を定期的に入れ替えるスキル

【準備物】鉄の曲げ板プレート（ステンレス不可），画鋲または強力両面テープ，磁石，Ａ４掲示ホルダー

―――――――――――― 教師の意図 ――――――――――――

誰もがすぐに貼り替えられるようにすることで，掲示物は「見たい」と思える旬のものだと子どもが思うようにし，教育的効果を高めるため。

（佐藤　翔）

取り組み方・手順

①ホームセンター等で鉄製の曲げ板（穴あき）を用意し，掲示板・掲示可能な場所に画鋲や強力両面テープなどで固定する。
②掲示用の磁石（またはマグネットクリップ）を用意し，チラシや期間限定の掲示物などを曲げ板に磁石で貼ることで，貼り替えのコストを下げる。
③複数枚重ねる必要があるものや個人の作品は掲示ポケットに入れ，ある程度たまったり時期が来たりしたら整理する（ファイリング・保存，処分）。
④掲示は，高さを下げ，磁石で簡単に掲示できるようにすることで，係や個人に任せることができる。子どもが自分で掲示物を管理し，貼り替えのタイミングを早めて教育的効果を上げる。

ここがポイント！　成長と記憶の保持のための掲示の活用

　掲示をする目的は成長のための刺激情報か，習慣化・自信につなげる記憶の保持にしか意味がないと考えます。前者は友達の考えを知ったり目標を意識したりするためで，後者はできたことや大事なこと・習慣化されないものを覚えておくためのものです。

教室環境

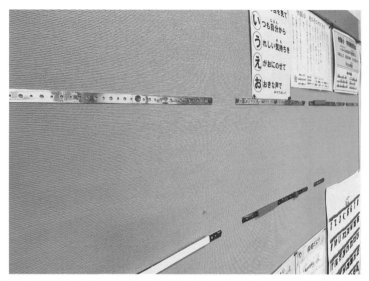

係からの連絡や，お便りなどに曲げ板と掲示ホルダーを使用する。学校共通の掲示物などは子どもの手が届きにくいところにまとめている。

　これらの掲示物は「子どもにとって」常に意味のあるように精選し，掲示する時間も極力少なくなるようにします。例えば，ワークシートだからといって上記両者に当てはまらないものは，すぐ返却したりファイリングしたりして掲示する回数を減らすことを意識しましょう。

これをやったらアウト！　授業中掲示物を見る子どもを叱る

　授業中に掲示物の方に目が行く子どもがいます。気になるということは刺激物としての鮮度が高いことを意味します。それが嫌ならば掲示しなければよいのです。授業中でも気になるように作っているということは掲示物としては成功です。一言，「しっかり覚えた？」と声をかけてあげたいものです。

【参考文献】
・鈴木優太著『教室ギア55』東洋館出版社

第2章　ロケット「教室環境・学習アイテム」スキル　065

＼ 教室環境のスキル ／

23 子どもたちが教室掲示物を作成できるようにするスキル

【準備物】模造紙，折り紙，マジックペンなど（子どもが家庭から持ってきてもよい）

──── 教師の意図 ────

季節や時期に合った掲示物を子どもたち自身が作成することを通して，教室の雰囲気を自分たちでつくっていく態度を育てるため。

（久下 亘）

取り組み方・手順

①子どもに季節や時期に合ったテーマで，「壁アートプロジェクト（※）」を作成するように話をする。※本実践のネーミング
②希望者を募る。希望者は個人単位でも，グループでもよいことにして，希望者がたくさん出るように配慮する。
③材料は，教師が用意したものに加えて子ども自身も用意してよいことを伝え，期間を決めて作成するように伝える。
④作成過程を見守り，肯定的な声かけをしたり，写真に撮って学級通信に載せたりしながら，子どもが最後まで意欲的に作成できるように配慮する。完成したら，作成者を作品とともに写真に撮って印刷し，掲示する。

ここがポイント！　主体的な参加の様子に肯定的な声かけを

本実践は，掲示物作成に主体的に参加することで，クラスに対する帰属意識を高めたり，子ども同士の人間関係をよりよくしたりするためにも用います。ですから，子どもたちの制作の様子を細かく観察するとよいでしょう。

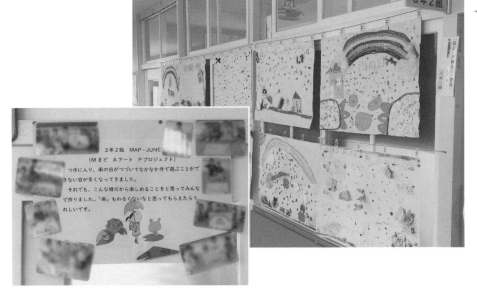

できあがった掲示物は，廊下に掲示することで他のクラスや学年の子どもも見られるようにし，子ども同士の認め合う機会をつくることもできる。また，できあがった作品とともに，作成にかかわった子どもの写真を撮り掲示することで，次の掲示物を作る意欲につなげることもできる。

これをやったらアウト！　子どもに任せっぱなしにする

　どんな掲示物も子どもに任せっぱなしにしてしまうと，仕上がりが雑になってしまったり，意欲が失われたりすることが考えられます。また，学年によっては作成段階でトラブルが起こることもあります。ですから，掲示物の仕上がりを観察し，いいところや素敵だと感じるところを認める声かけをしたり，子どもが相談に来たときには快く応じたりするなど，子どもの主体性を尊重しながら，最後までていねいに仕上げさせたり，次の掲示物も「やりたい！」という気持ちにさせたりしていくとよいでしょう。

　できあがった掲示物は学級内だけではなく，廊下に掲示するなどして，多くの友達に見てもらうことも子どもの意欲向上につながります。

\\ 教室環境のスキル //

24 「ビー玉貯金」でいい行動を認め合えるようにするスキル

【準備物】絵本『ええところ』，ビー玉，ビー玉を入れる容器

―――――― 教師の意図 ――――――

互いに褒め合う活動を通して，他者のために行動するよさに目を向け，進んで行動しようとする意欲を高めるため。

(尾下 瑛)

取り組み方・手順

①互いのよさを見つけ合う意欲を高めるために，絵本『ええところ』の読み聞かせをする。
②絵本で紹介されている「いいこと貯金」のように，クラスでビー玉を瓶に貯めるよう呼びかけ，その方法を説明する。
③帰りの会で友達のいい行動を発表し，その子どもがビー玉を瓶に入れる。
④ビー玉が容器いっぱいに貯まれば，お楽しみ会などの学級活動を行う。

ここがポイント！ いい行動の規準を事前に伝える

最初，子どもたちは「自分がしてもらってうれしかったこと」を多く発表するでしょう。そこで，教師も子どもたちの姿を見ながらいい行動を積極的に発表し，様々な視点があることを紹介します。

いい行動の視点は，指導要録「行動の記録」の10項目が参考になります。例えば，元気で気持ちのよい挨拶をするAさんがいたら，評価項目「基本的な生活習慣」の観点から「Aさんの元気な挨拶で，先生も元気をもらった。ありがとう」と伝えることができます。クラスの実態に合わせて，項目を選

いいことが貯まる「いいこと貯金」

ぶといいでしょう。

これをやったらアウト！　発表がいつも同じ人・相手になる

　この取り組みが続くと，同じ子どもが発表したり，仲のよい子ども同士で発表しあったりと本来の目的からそれてしまうことがあります。子どもたちの様子を見ながら，発表する子どもが挙手して紹介するだけでなく，日直や班ごとに輪番制で紹介するなどの工夫をします。「一人一人が仲間のよさを見つけ，それを紹介しあうことが，いい行動を増やしていこうというやる気を引き出すことになります」と活動の目的を繰り返し伝えていくことが大切です。

【参考文献】
・くすのきしげのり作・ふるしょうようこ絵『ええところ』学研プラス

教室環境のスキル

25 「いいところ探しカード」で自他のよさを認め合えるようにするスキル

【準備物】いいところ探しのカード（学級の人数分）

―――――――――――― 教師の意図 ――――――――――――

「いいところ探しカード」の交換を通して、他者の言動を前向きによい方向から見る目を養うため。

（髙橋　健一）

取り組み方・手順

①いいところ探しのカードを学級の人数分、準備する。
②カードに子どもの名前を書いておく（氏名印でも印刷でもOK）。
③毎朝、いいところ探しのカードをくじ引き風に配付する。
④カードを届ける相手のよい言動を一日観察する。
⑤帰りに言葉を添えてカードを渡し合う。
⑥一週間ごとに、カードを台紙に貼り、振り返りを行う。
⑦カードをクリアホルダーに入れて掲示する。
⑧友達のカードの記述や振り返りを見る機会を設定する。

ここがポイント！　目的を共有する語りかけ

誰とでも仲良くすることは難しいことです。合う人、合わない人がいることが自然です。でも、せっかく同じ学級のメンバーになったのだから、お互いのよさに目を向ける人になってほしいと思います。だから、毎日、いいところ探しをしていこうと思うのですが、一緒にやっていきませんか。

いいところ探しのカードは，教師が集めて保管しておき，一週間に1回，台紙に貼る時間を設け，振り返りをする。他者のよさに目を向けることは，自分のよさに目を向けることにつながる。

これをやったらアウト！　大変そう・心配だと二の足を踏む

　毎日，いいところ探しを続けていくと，年間約200回くらい行うことができます。毎日は大変なのではないかと思われる方もいるでしょう。しかし，日常活動としてシステム化することで，驚くほど自然に続けることができるはずです。

　カードを使って心無い言葉で傷つけ合う子どもがいる可能性はないとは言えません。でも，子どもを信じて一歩踏み出し，実践してみてください。子どもを信じること，それは，教師がよさに目を向けているかどうかが問われているのです。

【参考文献】
・赤坂真二編著・髙橋健一著『学級を最高のチームにする！365日の集団づくり　4年』明治図書

教室環境のスキル

26 お互いのあたたかい言葉がけを意識させるスキル

【準備物】ハートの描かれた模造紙

━━━━━━━━━━━━ 教師の意図 ━━━━━━━━━━━━

年度のはじめに「あたたかい言葉がけ」について共通理解し，教室内の言語環境を整えるため。

（髙橋　健一）

取り組み方・手順

①ハートの描かれた模造紙を準備する（手書き，印刷OK）。
②あたたかい言葉を学級で考え，ハートの内側に書いていく。
③あたたかい言葉を言い，どんな気持ちや雰囲気になるかを確かめる。
④冷たい言葉を学級で考え，ハートの外側に書いていく。
⑤冷たい言葉を言い，どんな気持ちや雰囲気になるかを確かめる。
⑥ハートを切り取る（あたたかい言葉と冷たい言葉を分ける）。
⑦冷たい言葉が書かれた部分をゴミ箱に捨て決別を宣言する。
⑧あたたかい言葉を増やしていけるようにハートを学級に掲示する。

ここがポイント！　冷たい言葉への抵抗感を見取る

　冷たい言葉を考え，言う場面で，「言いたくない」「聞きたくない」という抵抗感を示す子どもがどれくらいいるかが，教室の言語環境の指標だと思います。正常な感覚ですので，無理をさせる必要はありません。逆に，抵抗感なく，おもしろがるような雰囲気であれば，仕切り直す必要があるでしょう。

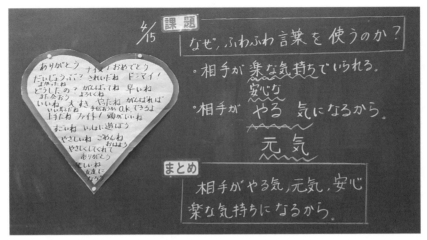

あたたかい言葉をどこに掲示するかは学級の状況で判断する。私の学級では，常に意識されるように教室の前面（黒板の脇）に掲示している。いいところ探しを書くときの参考になる。

教師こそが一番の言語環境

　あたたかい言葉と冷たい言葉の影響力を確かめて，ハートを掲示することは，あたたかい言葉がけを意識する第一歩です。それをもとにして，教室の言語環境を調整していきます。学級の言語環境について，子どもたちと振り返る機会を定期的に設定しましょう。

　教師こそが一番の言語環境ですので，普段から使う言葉を意識する必要があります。どうしても，子どもたちに厳しく接しなければならない際には，「毅然と優しく徹底する」を心に留めて，あたたかい言動を選択できるといいでしょう。教師の言動は，子どもたちへと波及していきます。

【参考文献】
・赤坂真二著『友だちを「傷つけない言葉」の指導』学陽書房

\\ 教室環境のスキル //

27 子どもが自発的に取り組む 係活動活性化スキル

【準備物】係が自由に使える資材（紙・段ボール・色画用紙など），掲示場所

―――――――――――――― 教師の意図 ――――――――――――――

時間・資源・場所の確保をすることで，子どもたちが問題解決過程を自分ごとにし，学級や学校の生活をよりよくしようと取り組めるようにするため。

（佐藤 翔）

取り組み方・手順

①教室のなかで子どもが自由に使える資源（紙・段ボール・色画用紙など）や掲示場所を用意する。

②係活動は，みんなの生活をよりよくするためにアイデアや取り組みを自分たちで行う活動であることを説明する（当番的活動でも工夫の余地は多分にある。また，当番的活動だけで精一杯という子どもも許容する）。

③学級に必要な係を考えたり，適宜学級全体の話合いで修正したりして取り組んでいく。

④活動時間は１時間丸々とる必要はなく，授業が早く終わった際や，すきま時間などで回数を多くとれるとよい。

ここがポイント！ リフレクションを大切にする

係活動に取り組む目標は，見栄えよく活動させることではありません。子どもが主体的に組織をつくったり，仕事を分担したりして，社会の一員として行動すること・意思決定する力を育むことです。ですので，教師は指導するのではなく，子どもの思いを実現できるように支援することが大切です。

係で使用しそうな資材とツール類，空間は十分に用意しておく。

　その方法に，リフレクション（振り返り）があります。やりたいことができているか，悩み事にどう対処しているか等，よりよい活動に向けて何をしているか，個別・グループごとに聞きます。そうすることで，教師は鏡のような存在となり，活動を客観視させたり問題を明確化したりすることができます。振り返りを書かせることでもできますが，大切なのは本人が集団の一員として意識し，問題意識をもつことです。休み時間や何気ない会話などリフレクションの頻度を高めることが育てたい力の目標にもつながります。

これをやったらアウト！　失敗させない・放任する

　成功させるように先回りしたり，自己責任としてただ放っておいたりすることは活動で育みたい目標には適しません。結果だけにとらわれず，問題解決過程で見られた素敵な言動や考え方を焦点化して全体にフィードバックするなどして，やってよかった・またやりたい，と思えるものにしたいです。

\\ 教室環境のスキル //

28 一年間の成長を実感する写真掲示＆動画披露スキル

【準備物】各行事で撮りためた学級写真

───────────── 教師の意図 ─────────────

自分や仲間の成長を写真や動画を使って振り返ることで，充実感や達成感を味わい，次の学年への意欲を高めるため。

（髙橋　健一）

取り組み方・手順

①各行事で集合写真や個人写真を撮りためる。
②各行事の集合写真は，教室の背面の壁などに飾る。
③学年末には，撮りためた写真のなかから，素敵な写真を選ぶ。
④動画編集ソフトなどを使い，一年間の振り返り動画を作成する。
⑤最終日には，背面の壁に貼ってあった集合写真を黒板に飾る。
⑥作成した一年間の振り返り動画を，学級のみんなで鑑賞する。
⑦教師も子どもたちと一緒に，一年間の思い出に浸る。
⑧次の学年に向けて，教師から話をする。

ここがポイント！　次の学年を幸せに過ごすための語りかけ

> 写真や動画を見ると，一年間の成長を実感することができますね。とても素敵な一年だったと思います。次の学年になったら，新しい学級で，新しい仲間と，素敵なチームをつくってください。次の担任の先生の仰ることをよく聞いて，さらに成長していくことを願っています。応援していますね。

教室の前面の黒板に、各行事での集合写真を時系列に並べて掲示する。朝、教室に入った子どもたちは、懐かしそうに眺めるだろう。さらに、音楽つきの動画を流して、一年間をじっくりと思い出す機会にする。

一年間の積み重ねのうえに成り立つ

　ラストを飾る写真掲示や動画披露は、そのときだけで成り立つイベント的なものではありません。一年間の成長を実感するためには、日常からの学級経営の充実が必要不可欠です。普段から、教師が子どもたちの成長をあたたかく見守ることができてこそ成り立ちます。

　子どもたちの成長は、各行事で撮りためた集合写真に表れるのではないかと思います。子どもたちは、屈託のない笑顔で写っているでしょうか。写るときの立ち位置が変化して、男女関係なく交ざり合っているでしょうか。誰とでも協力できる雰囲気が伝わってくるでしょうか。

＼ 学習アイテムのスキル ／

1 学習アイテムの使いどころ・開放を見極めるスキル

【準備物】なし

―――――――――― 教師の意図 ――――――――――

学習アイテムを学習に効果的に用いて，無用なトラブルを未然に防ぐため。

（松尾　英明）

取り組み方・手順

①各学習アイテムを使用する「ねらい」を明確にする。
②「いつ」出すかのタイミングを決める。
③学習アイテムを開放する（子どもに渡す）前には，使用ルールを明示し，それを破ってしまった場合の対応まで事前に確認して約束しておく。
④使用後の片づけ方及び破損または紛失してしまった場合の行動まで明示してから使わせる。

ここがポイント！　楽しいものほどルールを守って使わせる

　学習アイテムは，当然ですが学習の補助のために用います。学習アイテムの方に授業や学級経営が振り回されては本末転倒です。そのため，大切なことは出すタイミングと事前の使用ルールの確認になります。

　例えば後に出てくる「トーキングスティック」というアイテムは，ぬいぐるみを用いることが多いのですが，これは投げられやすいです。「投げないで優しく手渡し」という事前ルールの確認が必須になります。

　さらに「なぜそうするのか」という趣意説明もしておくことが大切です。

　「投げたら教室が騒がしくなる」「そもそも遊び道具として渡されたものではない」というように，子どもの言葉でその理由を語るようにしておくことで，より使用ルールを守れるようになります。

　また「ルールを破った使い方をしたら使用できなくなる」というのは，学校内外のあらゆる道具等にも言えることなので，ここで指導しておき，公共のものを使う際の基本姿勢を身につけておく必要があります。

これをやったらアウト！　考えなしにアイテムを与える

　アイテムの使用は，ねらいと事前指導が肝です。子どもたちにとって魅力的なアイテムであればあるほど，ルールを守らずに使用し続ける可能性があります。そして，一度渡してしまったら，その後の指導は一気に入りにくくなります。

　ルール確認は，先手必勝です。どういうトラブルが起きそうか，よく予想したうえで使用するようにしましょう。

\\ 学習アイテムのスキル /

2 トーキングスティックで自分の考えを語らせるスキル

【準備物】トーキングスティックになるようなぬいぐるみ等

──────── 教師の意図 ────────

トーキングスティックを使用することで，自分の考えを学級の友達に伝えられるようにするため。

(松下 崇)

取り組み方・手順

①クラスの子どもたちが一つの円になるように椅子を持って移動し，座る。
②トーキングスティックの扱い方を説明する。
③トーキングスティックを使って，自分の考えを発表する。
④全員が発表したら，教師が話をして終える。

ここがポイント！　使用ルールは明確に

　トーキングスティックとしてぬいぐるみや棒状のものを用意し，子どもたちはそれが回ってきたときだけ，発言するようにします。トーキングスティックがあることで発言者が明確になり，子どもたちは安心して話をすることができるようになります。発言する内容が整理できていなかったり，うまく話せそうになかったりする場合は，「パスです」と言い，次の人に回すようにするとよいでしょう。
　トーキングスティックを持っていない子どもは，話し手の目を見ながら，頷いて話を聞くように確認し，自由に発言しないよう指導します。

①「お話しチュウ」,②「話をするゾウ」,③「話ジョーズ」等,名前をつけると愛着が湧く。

語る価値のあるテーマに

　子どもたちが互いの顔を見ながら一つの話題について一人一人の考えを聞き,考えを深めることにこの実践のよさがあります。そのためには,子どもたちが語る価値のあるテーマであることが重要です。学級での解決が必要なときや,子どもたちが今どんなことを考えているか共有することを大切にしたいときに,語りやすいテーマを設定し,トーキングスティックを使って実践するとよいでしょう。

【参考文献】
・中野民夫著『ワークショップ』岩波書店

\\ 学習アイテムのスキル //

3
運命を託して！
ドキドキ割りばしくじ活用スキル

【準備物】出席番号が書かれた割りばし（氏名や出席番号が書かれたマグネット札でも可）

------ 教師の意図 ------

「くじ」という偶然性に身を任せ，その時々の場面に応じて期待やドキドキする気持ちのなかで，融和的な雰囲気を味わえるようにするため。

(鈴木　裕也)

取り組み方・手順

①出席番号が書かれた割りばしくじを用意する。
②授業中や給食時間など，多数のなかから少数を選ぶ場面で，割りばしくじを使用する。
③当たった子どもに選択を委ね，受け入れるかを確認する。

ここがポイント！　構成をゆるく

　給食の時間，揚げパンやアイスクリームなどの個数物は，争奪戦が予想されます。そんなときに，割りばしくじを用いることで，普段自分からは進んでおかわりに手を挙げないような子どもでも，「先生がくじで当てるなら…」と，意外な一面が垣間見えるかもしれません。また，状況により「担任」の割りばしくじも用意すると，盛り上がるでしょう。
　「全員分のくじから引く」「希望者のなかからくじを引く」など，その時々で取り組み方を工夫すると活用場面が増えます。

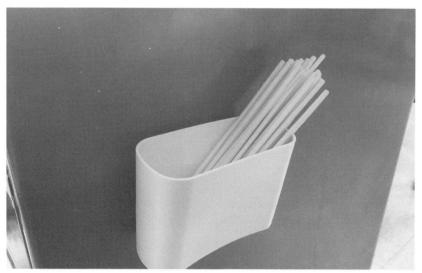

割りばし以外にも,裁断したマグネットシートに氏名や出席番号が書かれたものでも代用可能。

これをやったらアウト! 「わくわく」より「ハラハラ」

　割りばしくじを使う場面や内容しだいでは,「ハラハラ」だけが前面に出てしまうことがあります。

　例えば,「授業中の挙手が少ない」「いつも決まった子どもが発言をしている」などの理由から,割りばしくじで当たった人が発言をするとします。実態によっては,こうした「ドキドキ」を楽しむ場合があるかもしれません。しかし,「わくわく」の要素はあまり期待できないでしょう。

　同じように,年度はじめの委員会活動やクラブ活動を決める際,「希望が少ないところは,くじで当たった人に決定」では,「くじ引き」という行為がどこか罰的な用途になってしまいます。

　せっかくくじ引きで当たるなら,「ハラハラ」よりも「わくわく」につながるような場面で活用できるとよいでしょう。

\\ 学習アイテムのスキル //

即日発行！　学級通信活用スキル

【準備物】学級通信当日号に向けた記事，当日の写真

――――――――――――― 教師の意図 ―――――――――――――

学級通信を当日に発行することで，印象的なできごとや教師の考えをその日のうちに保護者や子どもたちに伝えられるようにするため。

(鈴木　裕也)

取り組み方・手順

①当日発行ができそうな学校行事を考える。
②号外形式の書式を考える。
③事前に当日の概要など，書ける部分を書いておく。
④当日，写真を挿入し印刷・配付する。

ここがポイント！　前日までに9割完成

　「即日発行」と聞くと，とても大変に感じるかもしれません。毎日ではなく，運動会やマラソン大会，縄跳び大会など，学校行事に合わせて数か月に1回程度のペースで発行を目指すと無理がないでしょう。
　また，即日発行の雰囲気を出すために「号外」のような形式で作成することで，緩急のある学級通信となるでしょう。
　そこでポイントになるのが，前日までにほとんど仕上げておくということです。写真を差し込むだけの状態にしておくことで，当日は，実際の様子を収めた写真を挿入し，印刷・配付という流れになります。

運動会は，どちらの組が勝ってもいいように複数のパターンを写真なしで作成しておくことで，当日の発行が可能になる。

これをやったらアウト！　いつも同じ子どもばかり

　学級通信を通じて日頃の様子を発信していると，登場する子どもに偏りが出てくることがあります。

　学級づくりの核の一つにするためにも，意図的・計画的に登場させましょう。そのためには，名簿などに記録し，登場回数が少ない子どもの把握にも努めましょう。そうすることで，「今度は○○さんを載せたいな」と意識するようになり，結果的に子ども理解の深まりにもつながるでしょう。

【参考文献】
・西村健吾著『スペシャリスト直伝！　小学校　クラスづくりの核になる学級通信の極意』明治図書

\\ 学習アイテムのスキル //

5 ここぞ！というときの学習アイテムの保管・管理スキル

【準備物】幅80cmのコンテナボックス，パンチの利いたアイテム，厳選した教材

――――― 教師の意図 ―――――

教室内のものの管理を日常と非日常用に分け，収納用具を工夫して活用することで授業中は不必要な刺激を減らして集中できるようにするため。

（佐藤　翔）

取り組み方・手順

①年度はじめに教室内のものの管理・使い方について子どもたちに説明する機会をつくる。子どもたちが学習に使うもの，休み時間に遊べるもの，担任しか触らないものなどの分類について説明する。
②子どもが使うものは極力許可なく自由に使用できるようにする。
③一方で担任しか触らないものは，授業のネタ要素が多いものを仕込む。教師が管理するものとして「宝箱」と称し，特別感をつくる。

ここがポイント！　非日常の宝箱を置き，教材を輝かせる

　私は「宝箱」を黒板前に設置しています。これはホームセンター等で売られているコンテナボックスで，耐荷重も80kgまであるので収納兼踏み台として使用できます。なかには大仏マスクや特大計算機，早押しボタンや手品の道具，グループエンカウンター等で使う音の鳴る特大チキンなど，頻度は高くないですが刺激の高いものを入れています。私が授業中にこのコンテナボックスを開けるだけで「何かやるんだな」と子どもは楽しみになります。
　子どもたちが数人で話し合う際には椅子として利用することもあります。

左上：教師だけが中身を出せる「宝箱」　右上：授業中の使用場面
下：中身はここぞ！というときのアイテムばかり

これをやったらアウト！　苦し紛れに宝箱を使う

　おもしろいネタが思いつかないから，とりあえず子どもが盛り上がるから，という消極的な理由で宝箱を使うと，どんどん子どもの気持ちは離れていきます。年度はじめ・学級開きに子どもとの関係性をつくったり，算数の計算機を使う単元で一人だけ特大を渡したり，記念撮影で誰かが大仏マスクを被ったりするなど，教材のインパクトとともに思い出づくりに一役買う存在にしています。

第2章　ロケット「教室環境・学習アイテム」スキル

\\ 学習アイテムのスキル //

⑥ 鉛筆を正しく持てるようにするスキル

【準備物】持ち方の表示，鉛筆持ち方矯正具「はなまるくん」，「鉛筆ホルダー」

───────── 教師の意図 ─────────

合言葉や補助具を活用して，鉛筆が正しく持てるようにするため。

（近藤　佳織）

取り組み方・手順

①国語の時間などに正しい鉛筆の持ち方を指導する。
②学年で相談して補助具を購入し，使用する。
③鉛筆に差し込み，人さし指と親指の位置を確認し，使用する。
④付けたまま筆箱にしまっておく。

ここがポイント！　合言葉化し，日常で確認する

　鉛筆は，親指と人さし指で挟んで持ち，中指は鉛筆に添えます。鉛筆が手前に倒れているか確認します。「親指と人さし指でオッケー（＝輪をつくる）。そして中指をチュ（＝くっつける）。あとはギュー（＝握る）」。これを合言葉のようにし，「オッケーつくって中指チュ。ギュー」と声をかけ，持ち方を確認することができます。親指を使えない子どもは，鉛筆を逆向きに倒してしまいがちです。親指と人さし指を補助具のへこみに合わせることで，中指が鉛筆に添えやすくなります。

はなまるくん（販売価格220円）　　　　　鉛筆ホルダー（販売価格110円）
(有) エルプラス　https://erupurasu.co.jp　＊販売価格は2023年2月時点

左は「はなまるくん」で、鉛筆の削られた部分で固定される仕組みになっており、右利き用と左利き用がある。右の「鉛筆ホルダー」は左右兼用で使える。鉛筆に差し込んで使用する。

これをやったらアウト！　しつこい叱責と矯正を急ぐ

　発達の状態により、入学時に正しく鉛筆を持つことができる子ども、正しい持ち方を指導すればすぐにできる子ども、時間がかかる子どもと様々です。不器用な子どもの多くは、指の機能分化に課題が見られることがあります。そのことをふまえ、すぐに持ち方を直そうと叱責を繰り返したり、指導すれば全員が正しく持てるようになると考えすぎたりしないことです（給食時の箸の持ち方についても同じことが言えます）。

　長い目で見て、継続した指導を行っていく必要があります。

学習アイテム

第2章　ロケット「教室環境・学習アイテム」スキル　089

\\ 学習アイテムのスキル //

7 感覚を詳細に把握するための五感マグネット活用スキル

【準備物】画用紙，ラミネート，マグネットシート

──────────── 教師の意図 ────────────

漠然的・印象的になってしまいがちな観察場面において，各感覚を可視化し個別に意識させることで，子どもが事象を詳細に把握できるようにするため。

(佐藤 翔)

取り組み方・手順

①視覚・聴覚・嗅覚・味覚・触覚等（歯応えや記憶など自己の感覚で意識させたいもの）をアイコン化してカードサイズの紙に描く。
②ラミネートをかけて裏面にマグネットシートを貼る。
③生活科・理科・家庭科の観察場面や，国語科における体験文・スピーチなどの際に，感じたことや情報で使えそうな観点を子どもたちと相談する。
④今回使えそうな観点として五感マグネットを示し，情報を整理させる。
⑤家庭科の調理の際は，視覚→嗅覚→味覚の順にするなど，強く影響を与える感覚を後に回すなどして，感覚ごとに把握させる。

ここがポイント！ 感覚を分けることで詳細を把握させる

例えば，家庭科の調理の導入に，「美味しさは何からできるか」と問います。子どもたちは，「甘い」とか「塩味」などを挙げます。そこで同じ甘いヨーグルトに香料と着色料を変化させた3種類を感じさせます。すると，子どもたちは，これはバナナ味，これはいちご味，と言います。そこで，味は同じであると告げるのです。子どもたちは，そこで初めて鼻を慎重に使い，

「どの感覚が使えそう？」などと子どもに聞いて意識させる。

視覚情報を疑ったりして各感覚に集中していきます。

　これは，理科や生活科で観察の際にも，理由や根拠を伝えるときにとても重要な感覚になり，子どもたちの情報整理の際にも役立ちます。

これをやったらアウト！　教師から毎回使用する観点を示す

　各感覚を使って観察や分析ができるようになってきたら，子どもたちは一人一人感じ方に差があることにも気づくでしょう。視覚から入る子どももいれば触り心地の触覚から入る子どももいます。教師からこの感覚を使いなさい，と言うのではなく，子どもたちに選択肢として示してあげるとよいです。

【参考文献】
・石井克枝・ジャック・ピュイゼ・坂井信之・田尻泉著『ピュイゼ　子どものための味覚教育　食育入門編』講談社

\\ 学習アイテムのスキル //

⑧ 「小さい声」にわくわく倍増！発言の意欲を引き出すスキル

【準備物】ゴミ箱（新品），排水ホース（新品，1m位），○×ピンポンブーなど

―――――――――――― 教師の意図 ――――――――――――

負担のない発言方法によって，発言することへの楽しさと安心感を引き出し，多くの子が発言することに意欲が出るようにするため。

（佐藤　翔）

取り組み方・手順

①ホームセンターで売られている排水ホースの端の太さに合わせて，新品のゴミ箱の底に穴をあける。ペンで顔を描き「ゾウさん」と命名する。
②ゾウさんの使用方法は，ささやくようにできるだけ小さな声で話し，話し終わった後もゴミ箱を静かに置くということを伝える。
③授業の導入やリフレッシュに，復習内容をクイズ番組のように出題する。わかった人は先生の持つゾウさんを通して回答しに来るように伝える。
④素早く正誤を判断する。文字数を足音で伝えたり，ハミングや母音などでヒントを伝えたりする。
⑤道具を使わないときでも授業中に輪番で指名し（パスも許容），徐々に授業のなかで学級全員の発言が当たり前になるようにしていく。

ここがポイント！　「小さい声だからこそ」テンポよく楽しむ

発言には安心感が一番大事です。そして発言の意欲は，「できる・わかった」と思えることが影響します。ゾウさんを使うことで，大きな声を出さず，学級全員の視線も集まりにくいので安心感が生まれやすい環境になります。

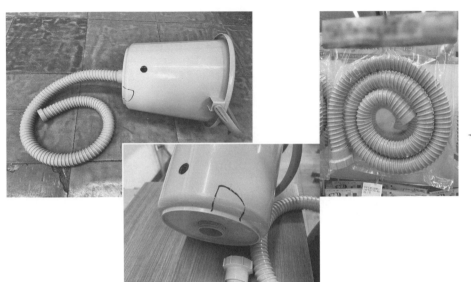

左上：長さを変えれば教室の反対側から発言することもできる。
右上：排水ホースはお風呂・キッチン売り場に置かれている。
中央：サイズの適合するパーツもそろえれば取り外し・収納が可能。

　普段は小さい声を「出さなければならない」発表なんてありません。そんな非日常を楽しみながらクイズ番組のように盛り上げることができます。
　また，テンポよく展開することで何度も挑戦しようとしたり，正解した子どもも他の人がわかるようにヒントを出したりします。「わかった！！」という気持ちよさを全体で共感できます。

これをやったらアウト！　発言ができることが正しいと決めつける ★

　うまく言えるか不安だったり，視線が集まることに緊張したりして自分の意見を発表するかどうか迷っている子どももたくさんいます。発言で学びが深まることに否定はしませんが，その迷っている姿も大いに認め，発言しなくとも授業に積極的に参加しようとしている態度を称賛します。

\\ 学習アイテムのスキル //

⑨ 教室の空気を明るくする ○×判定ボタン活用スキル

【準備物】○×ピンポンブー

------- 教師の意図 -------

マンネリになりがちな学習活動に○×を判定するボタンを用いることで，緊張感や達成感，楽しさを味わわせるため。

(久下 亘)

取り組み方・手順

①授業で頻繁に行う学習活動（例：音読，漢字の空書き）のときに，○×ピンポンブーを用意する。
②○の条件，×の条件を提示する。
③子どもだけでチャレンジし，ミッションが達成できたかどうかを判定し，成功したら「○」ボタンを押し，成功できなかったら「×」ボタンを押す。

ここがポイント！　マンネリを打破するゲーム性

　子どもは毎日のように同じ活動を繰り返していると，はじめは心がけていたていねいさや意欲が低下してしまうことがあります。そんなときに，子どもたちの前に○×ピンポンブーを持って立ち，クリア条件を伝えます（例：音読の場合は，丸読みの途中で止まったり，読み間違えたり，3秒以上間があいたりしてはいけないなど）。テレビのクイズ番組のようなリアルな音が鳴るので，子どもたちは緊張感をもって取り組むことでしょう。

○×ピンポンブーはインターネットや雑貨店で購入が可能

これをやったらアウト！ 失敗を責める子どもを見逃す

　ゲーム性のある学習活動を行うと，普段とは違う緊張感が伴うので，条件を達成したときはとても盛り上がりますが，失敗したときは残念な雰囲気になってしまったり，失敗した子どもを責める子どもが出てしまったりすることが考えられます。これを即座に指導せずに見逃してしまうと，子ども同士の人間関係が悪化してしまいます。さらに，責められると活動に参加する意欲がなくなることも考えられます。ですから，そういった場合には活動を止めて，子どもに活動の意義を話さなくてはいけません。活動の意義は，「失敗を苦にせず，どんどんチャレンジすること」「失敗を笑い飛ばすこと」「協働してミッションを達成すること」など，目指す子ども像に即した内容を伝えるとよいでしょう。

【参考文献】
・鈴木優太著『教室ギア55』東洋館出版社

\\ 学習アイテムのスキル //

10 教える価値を捉えさせ，説明の意欲を引き出すスキル

【準備物】指し棒，Ａ２ホワイトボード，マーカー，１人１台端末，長机など

――――――― 教師の意図 ―――――――

相手意識をもって日常的に活動させることで，説明活動を他者貢献・自己実現の場と意識させるため。

（佐藤　翔）

取り組み方・手順

①「隣の人は，自分を賢くしてくれる存在である」と説明する。
②教室脇や廊下にも長机を設置し，学習場所として使えるようにする。
③授業の活動で全体の時間，ペアで話す時間，教え合いの時間を設定する。
④全体の前で説明する際に，指し棒を使ってよいことを伝え，緊張しがちな場面に特別感をプラスする。
⑤教え合いでわかりやすく教えるためならホワイトボードや黒板，１人１台端末などを自由に使えること，勉強しやすいところでしてよいことを伝える。

ここがポイント！　教えられることは賢くなることと伝える

　授業の形式として，ジョンソンらは「競争」「個別」そして「協同」があるとしています。この協同視点に立って授業をつくれば，説明とは誰かの役に立つという社会貢献活動であり，それができると自己有用感を感じられる自己実現の一つと捉えられます。さらに，わかっている段階よりも，それを説明できる方が理解度は上がります。そのことを導入当初は耳にタコができ

教え合いが生まれやすい環境・アイテムが大事

るくらい伝え，積極的に行っている子どもを称賛していくと，上手に教えられた，教えられてわかった両者共にうれしくなります。

　全体で発表したい子どもが増えてきたら「新人さん」制度を入れます。その授業内やその日の発言をまだしていない人に機会を与えることで，子どもたちが自己成長・他者貢献の機会を譲り合えるように意識させます。

これをやったらアウト！　意見をすべて全体で発表させる

　お互いに説明してわかるようになった状態で，どんな意見や解法が出たか全体で共有する必要はないことが多いです。それは教師が知りたいだけで，子どもはもう興味がないことがほとんどだからです。丸つけの答えも黒板に書いておくだけで十分です。その分の時間を教え合いの時間に充てられます。

【参考文献】
・ジョンソンほか原著・杉江修治ほか訳『学習の輪』二瓶社

\\ 学習アイテムのスキル //

11 主体的な授業参加を促す マグネット式ネームプレート活用スキル

【準備物】マグネット式ネームプレート（クリップ式のものが望ましい）

教師の意図

授業中，自分の考えと一緒に黒板に貼らせたり，学習の進捗状況を示させたりすることで，子ども同士が互いの学習の様子に関心をもち，主体的に参加できるようにするため。

(久下 亘)

取り組み方・手順

①発問に対して個人で考えて，意見を黒板に列挙する。
②黒板に書かれた意見に対して，自分の考えと同じ意見の下にネームプレートを貼り，互いの考えを可視化させる。
③自分の意見が変わったら，ネームプレートを移動させる。

ここがポイント！　考えの可視化で主体性を促進する

　本実践は，複数の考えを全員で検討するような授業や，子どもによって進度に差が出るような学習など，様々な活動に活用できます。

　複数の考えを検討する学習活動では，互いの考えが可視化されると，自分と同じ考えの友達，違う考えの友達が一目瞭然となります。そこから交流活動や，全員で検討する活動に移って，子どもが主体的に参加するようになります。

　また，マグネットクリップをネームプレートにすると，大切なプリントや未完成のワークシートなどを教師に見える形で保管することもできます。

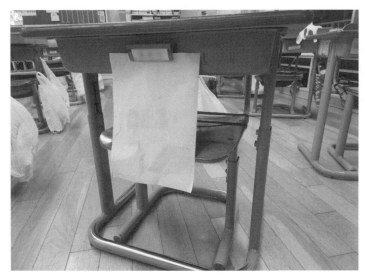

机の前に貼って保管するネームプレート。授業のときは黒板に貼ることもでき、普段は大切なプリントなどを挟んでおくと、すぐに取り出せる。

これをやったらアウト！　ネームプレートを粗末に扱う

　ネームプレートは，学習の促進を図ったり，プリントの保管をしたりするアイテムですが，そこには子どもの名前が明記されています。ですから，このアイテムは他のアイテム以上に大切に扱うことが前提になります。ネームプレートを粗末に扱う行為は，自他の存在を大切に扱っていないことと同義であると考えるからです。

　子どもには，「友達や自分を大切にするのと同じようにネームプレートを大切にしよう」という言葉かけとともに，ネームプレートを大切に扱うよう指導をすることが必要です。日常の学校生活で，ていねいに扱っている場面を見かけたら，肯定的なフィードバックをこまめに伝えていくことも大切です。

\\ 学習アイテムのスキル //

12 声に出して覚える！フラッシュカード活用スキル

【準備物】プレゼンテーションソフト

――――― 教師の意図 ―――――

プレゼンテーションソフトで作成したフラッシュカードを子どもたちが声に出して読むことで，学習内容の習熟を図るため。

（鈴木　裕也）

取り組み方・手順

①漢字の読みや英単語の意味など，短時間で習熟を図りたい内容を考える。
②既存のプレゼンテーションソフトを使って作成する。
③授業の導入やまとめの時間にフラッシュカードを提示し，子どもたちは声に出して読んでいく。

ここがポイント！　柔軟な発想で作成する

　教師がプレゼンテーションソフトを使って作成したフラッシュカードをテレビ画面に提示し，子どもたちは次々出てくるカードを全員で声に出して読みます。現在は子どもたち一人一人にタブレット端末が貸与されています。慣れてきたら一人一人が自分に合ったフラッシュカード作りなどに取り組むとよいでしょう。
　フラッシュカードは様々な教科で活用することができます。漢字や英単語だけではなく，算数や理科，社会などでも活用できないかと発想を柔軟にもち，作成することが大切です。

画面の切り替え時間も設定自由（間隔が短いほど難易度アップ）。「開始」のボタン一つで，最後まで自動でスライドを流すこともできる。

これをやったらアウト！　文字が小さく，情報が多い

　フラッシュカードは，次々とカードが切り替わるという特徴があります。提示されたカードを見て瞬時に判断し，答えることが求められます。そのためには，子どもたちがカードの情報を素早く正確に捉えることが重要となってきます。

　作成するときは，子どもたちが見やすい文字の大きさにしましょう。実際にテレビに映して「この文字の大きさで，一番後ろの人は見えるかな」と確認するとよいでしょう。

　また，「１枚のスライドに情報が多すぎないか」といった視点で確認することも大切です。

\\ 学習アイテムのスキル //

13 「時間の価値」を可視化するデジタルタイマー活用スキル

【準備物】教室掲示用特大タイマー，班の数分の100円ショップのタイマーなど

──────── 教師の意図 ────────

活動のなかにタイマーを活用することで，時間を意識することの楽しさやよさを伝え，時間を意識して行動できるようにするため。

（佐藤　翔）

取り組み方・手順

①学級全体に見えるように大きいデジタルタイマーと，班活動などで使えるように小さめのタイマーを複数個用意する。
②授業中の活動時間を設定したり，タイムで競ったりする際は大きいタイマーを使用し，使用しないときは時計表示にしておく。
③小さいタイマーは理科の実験の他，観察などで教室外に出るときに持たせ，鳴ったら帰ってくるようにさせるなどして使う。

ここがポイント！　時間を意識すると楽しさにつながる

　集中するとあっという間に時間が過ぎていくものです。だからなのか「時間を守る」ことを拘束されているように感じる子どももいます。そこで，時間を意識するからこそ，楽しい・成長できると感じさせる機会を設けます。
　全員で順番に手を叩いていき，はじめの人から最後の人までのタイムを測定して，学級全体でどうしたら早くなるか作戦を立てて取り組むゲームをしたり，給食の準備にかかる時間を記録して最高記録を目指したりする活動を行うと，タイムをきった際には全体で「やったー！」と達成感を味わうこと

首掛けができるタイプや小型なものは邪魔にならず班活動におすすめ。

ができます。その際に、「時間が早くなると、ゆっくり給食を食べられたり、他の活動ができたりしますね」「早いことは賢くなる一歩でもあります」と説明します。時間を意識することで楽しいと思える活動をどんどん取り入れていくのです。百ます計算や早口言葉、帰りの会の準備など楽しみながら時間を意識することが大切です。

これをやったらアウト！　教師だけが時間を守らない

　子どもも大人も使える時間は共通であり平等です。そして、時間の大切さがわかるから守ろうとするのであり、教師が統制するために使うものではありません。日常的に教師自らが時間に厳しく活動し、授業時間を変更する際は休み時間をしっかりとタイマーで確保するなど教師が率先して時間を大切にする姿勢を見せたいものです。

第2章　ロケット「教室環境・学習アイテム」スキル

\\ 学習アイテムのスキル //

14 手軽に準備！ 逆上がり指導スキル

【準備物】手ぬぐい or 薄手のタオル（温泉タオルなど）

―――――――――――― 教師の意図 ――――――――――――

身近な道具を使うことで，安心して鉄棒運動に取り組むことができるようにするため。

（鈴木　裕也）

取り組み方・手順

①中学年「補助逆上がり」，高学年「逆上がり」を練習中の子どもたちに対して，補助具として使うための手ぬぐいや薄手のタオルを持ってくるよう呼びかける。

②補助具としての正しい使い方を全体で指導する。

③必要に応じて個別に改めて使い方の指導や，実際に補助具を使った指導を行う。

ここがポイント！ 「できた喜び」を味わえるように

　鉄棒運動に限らず，「後転ができない」「開脚跳びができない」など，器械運動を苦手とする子どもは多くいます。そんな子どもたちでも，身近にあるものを使うだけで，逆上がりをはじめとした運動ができるようになります。

　つまずきには様々な原因が考えられます。その一つには，鉄棒とおへそが離れてしまうことがあります。手ぬぐいを使った補助逆上がりは，おへそと鉄棒を同じくらいの高さにして行いましょう。

手ぬぐいを挟んでも、手でしっかりと鉄棒を握れているか必ず確認する。鉄棒を握れないほど分厚いタオルでは、落下につながり危険。

これをやったらアウト！　補助具を使うことに満足する

　手ぬぐいは，あくまでも補助具の一つであり，そこには「確かな指導」が必要です。「できる喜び」を，一人でも多くの子どもに味わわせるためにも，どのように使うことで補助具として効果を発揮するのか，まずは指導者自身が理解する必要があります。ぜひ，学年の先生や関心のある先生方と放課後実際に試し，指導に生かせるようにしてもらいたいと思います。

　「使い方の指導」の前に，指導事項に照らし合わせた指導が大前提です。低学年では，「補助逆上がり」「逆上がり」は例示されていません。中学年以降でも，実態に即した段階的な指導のなかで活用しましょう。

【参考文献】
・白旗和也著『小学校　これだけは知っておきたい　新「体育授業」の基本』東洋館出版社

\\ 学習アイテムのスキル //

15 音楽の力で体育の活動活性化スキル

【準備物】ポータブルスピーカー

―――― 教師の意図 ――――

体育時に子どもの身体を活性化し，いきいきとした動きを引き出すため。

(松尾　英明)

取り組み方・手順

①どんな動きを引き出したいか決める（一定の速さのかけ足，速いテンポの素早い動き，ゆったりとした動きなど）。
②引き出したい動きに合った曲を選定し，用意する。
③運動時に流す。

ここがポイント！　ねらった動きに合わせた選曲をする

　体育で音楽を流すだけで，子どものなかの動きを引き出すことができます。
　準備運動時のランニングに使うなら，少しだけテンポの速い曲を使い，表現運動で海のなかの生き物，サバンナの生き物などを表現するなら，その雰囲気に合った曲を選べば，動きをぐんと引き出すことが可能です。
　また子どものテンションがある程度上がるような人気曲をうまく組み合わせて流し続ければ，低学年の子どもでも10分以上は軽く走り続けることができます。タイマーと違い，曲は終わりの見通しがつき，集中力が持続します。ねらった動きを引き出すのに，曲を利用するのがおすすめです。

手のひらサイズのコンパクトなスピーカーでも、体育館内や小さなグラウンドで流すのであれば十分な音量を得られる。Bluetooth 機能がついているため、端末さえあれば曲や音量を変えるのも簡単。逆に、広いグラウンドで曲を流すのであれば、運動会で用いるような大型のスピーカーの使用がおすすめ。

使用場所と音量の大きさには注意

　音楽で子どもの動きが引き出されるのはいいのですが、音量にはよくよく注意を払ってください。特に校庭での体育で使用する場合、他の学級は教室で学習しています。教室で学習している子どもたちの集中力が途切れるほどに大きな音量は、どの学級がやっているかはっきりわかるうえに、周りのひんしゅくを買います。

　また、学校周辺は住宅地であることがほとんどだと思います。あまり大音量で曲を流すと、近所からの苦情にもなりかねません。効果が大きい分、音量の大きさには十分留意しましょう。

＼＼ 学習アイテムのスキル ／／

16 かけ算九九を定着させるスキル

【準備物】単元を貫く「アイテム」

──────── 教師の意図 ────────

毎時間，アイテムを獲得する設定にしたり，繰り返し唱えられるようにしたりすることを通して，かけ算九九の定着を図るため。

（近藤　佳織）

取り組み方・手順

①教材研究で，授業のねらいを押さえたアイテムを考案する。
②授業後は板書をもとに学んだことをまとめ，掲示を作成する。
③かけ算の仕組みの理解を図ると同時に，授業でも繰り返し唱える機会を設ける。

ここがポイント！　暗唱前に九九の仕組みを理解

　九九の指導といえば，暗唱できる，すらすら言えることを目標としがちです。もちろん，最終的に九九を覚えることは必要で，教室の入り口に九九の段を掲示し，入る前に読ませたり，カードを持たせたり，一人一人呼び，暗唱テストをしたりします。しかし，覚える前に九九の仕組み「同じ数ずつ増える」ことを理解することが大切です。
　写真は，九九の授業の板書写真です。最初にもののまとまりごとのイラストで数え方を教え，「同じ数ずつのものが何個かあるとき，全部の数を求める計算をかけ算」であるということを指導します。

　上の写真は、3の段の九九、下の写真は7の段の九九の授業。毎時間、九九のアイテムを探すことをめあてに単元を構成した。授業が進むごとに子どもが「今日のアイテムは何だろう」という意識を高めていった。学んだアイテムを出し、比較した結果のまとめが「やっぱり増えるアイテム」となった。子どもがアイテムを獲得し終えると九九が完成するストーリー構成になっている。

これをやったらアウト！　ひたすら暗唱させるだけ

　九九の指導は、九九を覚えることだけを目標にしがちですが、それだけで終わらないようにします。一つ分がいくつずつ増えるか、それがいくつ分あるかという九九の構成や意味を理解することが大切です。
　単元を通した教材研究をもとに、毎時間の授業がストーリー性と変化のある繰り返しとなるよう単元構成を行います。また、学んだものを掲示し、繰り返し目にする、変化をつけて唱えることで暗唱の一助としています。

\\ 学習アイテムのスキル //

17 「〇〇アイテム」と名付けて既習事項を使いこなせるようにするスキル

【準備物】画用紙，模造紙，油性ペン，授業で使用した図など

――――――――― 教師の意図 ―――――――――

学習した内容を「〇〇アイテム」と名付け，活用できるようにするため。

（近藤　佳織）

取り組み方・手順

①単元を通した教材研究を行い，毎時間の授業のねらいを押さえる。
②授業後は板書をもとに学んだことをまとめ，掲示を作成する。
③授業で既習事項を復習する際，活用する。

ここがポイント！　既習事項を活用できるようにする

　算数では，既習事項を使って新しいことを学習することが多く，いかに既習事項を定着させるかがカギになると考えています。
　そこで，単元を通して毎時間の既習事項をまとめたものを教室に掲示し，子どもたちが振り返り，思考する際の手助けになるようにしています。
　写真は，2年生算数「たし算のひっ算」と「ひき算のひっ算」の授業の掲示です。得られたことを「学習アイテム」と呼び，毎時間の学びをまとめて掲示したものです。単元が進むにつれ，解決の際に掲示を見ながら既習事項を思い出したり，話合いのなかで活用したりする子どもの姿が見られました。

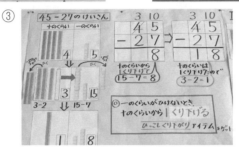

①と②は「たし算のひっ算」。①は「位をそろえる」「ひっ算では線を引く」がアイテム。②では，一の位から計算することを「順番アイテム」，10を超える際は隣に移すことから「引っ越しくり上がりアイテム」。③は「ひき算のひっ算」。一の位が引けないときどうするかを考えたら，たし算のひっ算の単元での学習を想起し，「引っ越す」という言葉が子どもから出てきた。この学びを「引っ越しくり下がりアイテム」と名付け，まとめた。

これをやったらアウト！　掲示を作成することを目的とする

　単元を通した掲示の作成は場所をとる，時間がかかるという課題もあります。力を入れる単元を決める，ポイントだけ画用紙にまとめる，授業で使ったものを使うなどの工夫が考えられます。また，すべての子どもに有効であるとも限りません。教材研究の一環，掲示が手助けになる子どももいるという認識で行います。

\\ 学習アイテムのスキル //

18 学びの自己調整を促すスキル

【準備物】単元の学習内容，学習課題，学習方法が示された手引き

──────── 教師の意図 ────────

「学びの手引き」を使って学習することを通して，自分に合った学びの方法を工夫する自己調整能力を育むため。

(髙橋　健一)

取り組み方・手順

①自分に合った学び方を工夫できるようになるという目的とともに，単元を通して，どのような学びを得ることができるかを確認する。また，学習方法を自分で選択できることを確認する。
②授業の始まりには，学習内容や学習課題を確認する。
③授業中は，子どもたちの学びの様子を観察しながら，支援する。
④授業の終わりには，学び方について全体へのフィードバックをする。
⑤子どもたちがノートに書いたまとめや振り返りには，コメントをする。
⑥子どもたちの振り返りをもとに，次時の始まりの声かけをする。

ここがポイント！　学び方の転換を促す語りかけ

> 今まで先生の話を聞いて，先生が書いた板書を写して，挙手して発言してという授業を受けてきたと思います。でも，今日からは，自分に合った学び方を工夫できるようになってほしいです。学びの手引きを見ながら，自分で学習を進めるような授業にしようと思います。一緒に，がんばりましょう。

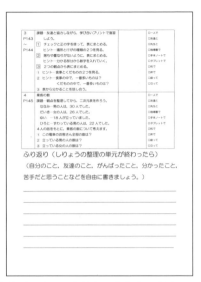

自分がどのくらい理解できたか，どの学びの方法（一人で，友達と，先生と，手本ノートで，タブレットで，机で，床で，座って，立ってなど）を選択したかを確認しながら学習を進めていく。

個別と孤立の大きな違いを見定める

　学びの手引きを渡したら，子どもが目的や目標を見定めて取り組み，様々な学び方に挑戦して試行錯誤する機会を保障します。待つことや見守ることを肝に銘じておきます。しかし，友達とのかかわりが苦手な子どもには，特に支援が必要ですので，ていねいに観察しながら支援しましょう。

　今回，学びの自己調整を促すという視点から，学習方法を自分で選択するという実践につながるアイデアを紹介しました。さらに，学習内容を自分で選択するという実践にもつなげていくことが可能です。そのために，子どもだけではなく，教師がチームで試行錯誤する機会を保障する必要があります。

【参考文献】
・竹内淑子著『教科の一人学び「自由進度学習」の考え方・進め方』黎明書房

\\ 学習アイテムのスキル //

19
Googleクラスルームで予定を管理しマネジメント力を高めるスキル

【準備物】1人1台端末，Googleアカウント（Googleクラスルーム）

―――――――――――― 教師の意図 ――――――――――――

その日の予定や連絡事項をGoogleクラスルームを使って知らせることで，子どもたちは自分でその日の予定を確認し，学校生活を送れるようにするため。

(松下　崇)

取り組み方・手順

①子どもたちがGoogleクラスルームを使用できるように，アカウントを登録する。
②教師は，その日の予定や連絡事項をGoogleクラスルームの「クラスへの連絡事項を入力」の欄に記入し，投稿する。
③投稿した画面を教室のテレビに映し出しておき，子どもたちが自由に確認できるようにしておく。子どもたちは必要に応じて，自分の端末から投稿内容を確認する。

ここがポイント！　情報の整理をしておくこと

　既に決まっている予定は，事前に記入しておきます。また，子どもたちへの伝達事項なども，伝えられたときその場で記入することができて便利です。記入する際は，子どもたちがわかりやすいように端的に情報を整理します。情報量が多い場合には，優先順位を決め，Googleクラスルームで子どもたちに伝える内容を吟味するとよいでしょう。

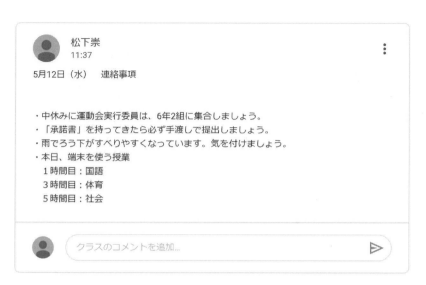

休み時間の予定や注意事項に加え，学習で使用するもの等も連絡すると，子どもたちは見通しをもって準備することができる。

これをやったらアウト！　内容を何度も口頭で確認する

　その日の予定や連絡事項については，朝の会等で確認することもあると思います。その際，読んでわかることは伝えず，補足して伝えておくことを中心に話し，「先生が言ってくれるなら読まなくていい」という状態にしないようにします。朝の会で「突然！クイズ！！」と言って，書いている内容をクイズ形式にして確認するのも一つの方法です。

　学校生活を送っていると，後から変更したり情報が追加されたりすることもあります。事前に子どもたちと確認するとよいでしょう。

【参考文献】
・多賀一郎編・チーム・ロケットスタート著『小学校の学級づくり＆授業づくり　plus GIGAスクール』明治図書

＼ 学習アイテムのスキル ／

20 文章の推敲・共有に便利！　Googleドキュメントを使って作文させるスキル

【準備物】１人１台端末，Googleアカウント（Googleドキュメント）

──────── 教師の意図 ────────

Googleドキュメントを使って作文を書くことで，これまでより手軽に文章を推敲したり共有したりできるようにするため。

（尾下　瑛）

取り組み方・手順

① Googleドキュメントでワークシートをつくる。
② Googleクラスルームの「課題」で作成したワークシートを「下書きを保存」を押し，保存する。
③ Googleクラスルームの「課題機能」を使い，ワークシートを配付する。
④ 子どもの書いているものが同時進行で見られるので，適宜アドバイスする。
⑤ 作文完成後，「共有」を押し，「閲覧者」の設定を「閲覧（コメント可）」に変更し，子ども同士で共有すると互いに読み合えるようになる。

ここがポイント！　書き直しや作文の見合いがしやすい

　書くことの学習過程は，題材の設定，情報の収集，内容構成の検討，考えの形成，記述，推敲，共有です。Googleドキュメントで作文するよさは，推敲や共有のしやすさにあります。例えば，国語で感想を書いたり，総合的な学習の時間で発表する原稿を考えたりする際，活用できます。デジタルで行うことで，文章を書き直すことに負担が少なくなります。また，感想を伝え合うとき一人の文章を数人で読み，コメントしあうこともできます。

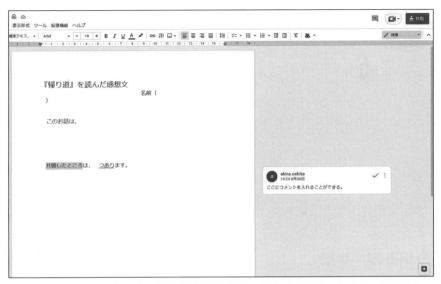

Googleドキュメントには，縦書き原稿用紙設定がないので横書きになる。音声入力することもできる。

学習アイテム

これをやったらアウト！　テンプレートなしで配付する

　感想文であれば，「1行目題名，2行目名前，3行目本文を書くこと」の説明で書けると思いますが，意見文等では，テンプレートを配付しておくことが大切です。体裁を整える操作で時間をとられ，活動時間が十分にとれなくなります。教師が文の書き出しを入れたり，「共感したところは，○つあります」などと穴埋めにしたりすることで，文章を書くのが苦手な子どもへの支援になります。

【参考文献】
・井上嘉名芽・井上勝・清水洋太郎・平井聡一郎・松本博幸・渡辺光輝著『小学校・中学校 Google Workspace for Educationで創る10X授業のすべて』東洋館出版社

第2章　ロケット「教室環境・学習アイテム」スキル

\\ 学習アイテムのスキル //

21 Google Jamboardで子どもたちの考えを整理するスキル

【準備物】1人1台端末，Googleアカウント（Google Jamboard）

教師の意図

Google Jamboardを使用して，手軽に子どもたちの考えを整理するため。

(松下　崇)

取り組み方・手順

①子どもたちがGoogle Jamboardを使用できるように，アカウントを登録する。また，Google Jamboardのサイト上に，グループ数分の「フレーム」を用意し，「フレーム」ごとに「付箋」にグループ名を記入する。
②子どもたちはGoogle Jamboardの自分のグループの「フレーム」で，「付箋」を使って，自分の考えを書く。
③自分の書いた「付箋」を友達と話し合いながら整理する。
④各グループで整理したことを，学級全体で確認する。

ここがポイント！　Google Jamboardの設定の仕方

　Google Jamboardを使用すると，サイト上で手軽に意見を整理することができます。使用する際は，学級全員が編集できるよう「共有」の範囲を設定します。「付箋」を使うと，子どもたちの書いた考えを移動することができます。誰が書いたものなのかわかるように名前を記入させたり，色を指定したりするとよいでしょう。

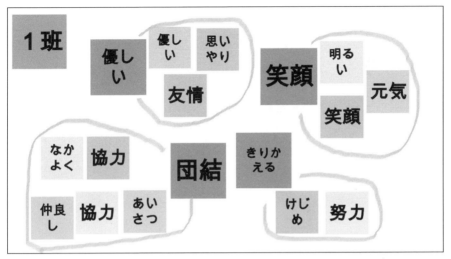

学級目標のキーワードを出し合い，整理する例

これをやったらアウト！　操作に十分に慣れないままの使用

　Google Jamboard は共同で編集しながら，話し合い，整理していくのに便利です。共同で編集できるということは，友達の書いたものを消したり，不必要な線を引いたりすることができるということでもあります。子どもたちと学習活動で使用する前に，「お絵かきしりとり」や「さんずいのつく漢字集め」等のゲーム大会を行い，操作に十分慣れるとよいでしょう。

　また，活動する際，共同で編集するときに起こりそうなトラブルについて事前に説明し，どのように対処すればいいか伝えておくとよいでしょう。

【参考文献】
・多賀一郎編・チーム・ロケットスタート著『小学校の学級づくり＆授業づくり　plus GIGA スクール』明治図書

＼ 学習アイテムのスキル ／

22 Google Forms・テキストマイニングで意見を視覚化するスキル

【準備物】1人1台端末,教師用 Google アカウント(Google Forms), AI テキストマイニング(User Local)

──────── 教師の意図 ────────

Google Forms や AI テキストマイニングを使用して子どもたちの意見を手軽に集約し,子どもたちの考えを視覚的に捉えるため。

(松下　崇)

取り組み方・手順

①教師は Google Forms に質問を設定し,子どもたちに考えを記入させる。
② Google Forms で集約したデータを,サイト内の「回答」のページにある「回答をダウンロード（.csv）」を押し,データとして保存する。
③保存したデータのうち児童名等の個人情報を削除し,テキストマイニングする。
④テキストマイニングしたものを子どもたちに提示する。

ここがポイント！　Google Forms の設定の仕方

　Google Forms のサイト上で以下の内容を設定します。
①無題のフォーム：集約したい意見に合った題名を入力。
②ラジオボタンの項目を押し,「記述式」を選択。「無題の質問」に「氏名」と入力。
③⊕を押し,質問項目を増やす。ラジオボタンの項目を押し,「段落」を選択。「無題の質問」に子どもたちから集約したい質問を入力する。
④「送信」ボタンを押し,子どもたちが入力できるように設定する。

［掃除で気をつけること］をテーマに，テキストマイニングしたもの

視覚化されたものが正解ではない

　テキストマイニングは，子どもたちの文章を解析し，それを視覚化するソフトです。子どもたちの考えが量的に捉えられるよう視覚化されますが，それがそのまま正解とはなりません。数が少なくても，大事にされるべき意見もあります。子どもたちの考えをもとに学級全体で話し合い，大切にすべきことを確認するとよいでしょう。

　テキストマイニングする際，個人情報が外部のサイトを経由したり，子どもたちの目に触れたりすることのないよう，取り扱いに注意しましょう。

【参考】
・テキストマイニングについては，User Local 社の AI テキストマイニングを使用した。
　URL: https://textmining.userlocal.jp/

第2章　ロケット「教室環境・学習アイテム」スキル　121

\ 学習アイテムのスキル /

23 即時採点のKahoot!で楽しく形成的評価を促すスキル

【準備物】1人1台端末，テレビ（大画面モニタ），Kahoot!アカウント

―――――――――― 教師の意図 ――――――――――

何を理解し，身につけているかという形成的評価を，子ども自身が楽しみながら把握し，自らの効率的な学習へとつなげるため。

（佐藤 翔）

取り組み方・手順

①教師側のGIGA端末でKahoot!（カフート）の無料アカウントを作成する。インストール不要のウェブアプリであり，Microsoft，Google等のアカウントでも紐づけられる。**子ども側は原則設定不要。**

②問題を作成する。スライドアプリのように作成でき，答える選択肢も無料版でも4択まで設定可能。写真から人物名を選んだり，正しい記述を選ばせたりして，知識・技能の定着を中心に活用できる。

③子どもたちにPINコード（問題に参加するためのパスワード）を教える。リンクを貼ってグループウェア等で伝えることもできる。

④授業の最初の5分でクイズ大会をする。リモート参加する子どもも同時に取り組むことができる。早く答えた方が得点が高いので，子どもたちは熱中する。

⑤個人で好きな時間に取り組める「割り当て」機能を使えば難易度別や家庭学習用に活用できる。例えば，**「今回の宿題のカフートを100点とれるまで挑戦しましょう」**と出題することもできる。

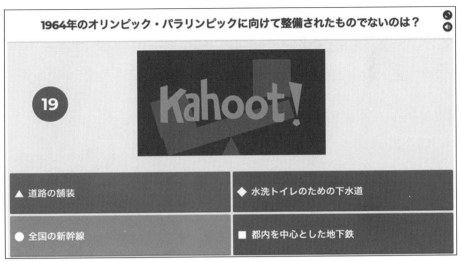

プレイ画面　5分間で10問程度復習ができる

ここがポイント！　楽しく短く繰り返す

　クイズアプリのよいところは，全員が解答を考え，すぐに答えが出されるところです。制限時間をつけて短い時間で行うことで定着度も上がります。

　問題作成の際は，適度に「ガス抜き」することもおすすめします。わかりやすい問題を設定したり，紛らわしい言葉を選択肢に入れたりすれば定着率が低い子どもも，意欲が高まります。

これをやったらアウト！　長々とした解説

　クイズ番組同様，長い解説は会場の熱を下げます。簡単に解説して次の問題に行きましょう。正答率が悪い問題もチェックできるので，参考にして次回の問題に残して苦手に特化することなどもできます。

【参考】
・Kahoot!　https://kahoot.com　（回答者用は　https://kahoot.it）

第2章　ロケット「教室環境・学習アイテム」スキル

\\ 学習アイテムのスキル //

24 苦手さのある子どもが安心して活動できる掲示物活用スキル

【準備物】明確な指示が記された視覚物

――――――― 教師の意図 ―――――――

何をすればよいのかを黒板に掲示することで,子ども自身が見通しをもち,安心して学習に臨めるようにするため。

(鈴木　裕也)

取り組み方・手順

①掲示することで見通しがもてそうな場面を考える。
②シンプルな言葉とそれに合う絵や写真を組み合わせる。
③適度な大きさにしてラミネートする。

ここがポイント！　目で見てわかる工夫を

「言われただけじゃわからない」
「どうしたらいいかわからない」
「いつでも確認できれば安心なのに」

　学級のなかには,話し言葉だけでは通じにくい子どももいます。そうした子どもでも理解ができるように,目で見てわかる工夫をすることが大切です。こうした目から入る情報は,特別な配慮を必要とする子どもだけでなく,すべての子どもにとって安心につながるでしょう。

　また,言葉による掲示と併せて,絵や写真を組み合わせることでより理解ができるようになるでしょう。

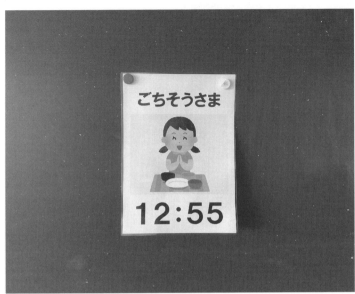

学習アイテム

子どもの理解度によって掲示する内容は変わる。自習の際には、手順表として内容を順番に示してもよい。

これをやったらアウト！　実態に合わない内容

　言葉と絵や写真を組み合わせて掲示することで，今何をしなければならないのかが，どの子どもにとってもわかりやすくなります。視覚的な情報は，確かに一定の効果が期待されますが，重要なのは何を掲示するかです。

　小学1年生と小学6年生では，当然掲示する内容は異なります。また，同じ学年でも，それまでの生活経験や地域性によって異なることが考えられます。「安心」の基準は，目の前の子どもたちによって様々です。その実態を正確に把握できるのが，何より日頃接する機会が多い担任の先生でしょう。

【参考文献】
・田中哲・藤原里美監修『自閉症スペクトラムのある子を理解して育てる本』学研プラス

\\ 学習アイテムのスキル //

25 学習態度の定着を可視化するスキル

【準備物】がんばりカード，シール

───────── 教師の意図 ─────────

子どもが将来なりたい自分の姿を思い浮かべ，「がんばりカード」を使って取り組むことによって，自律する力を育むため。

（尾下 瑛）

取り組み方・手順

①子どもの将来の夢やなりたい姿について話を聞く。
②子どもの行動から，つまずきや困り感を見取る。
③子どもの将来につながる力を言葉にして，そのために学校生活でがんばりたいことを一緒に決め，がんばりカードに書く。
④がんばりカードに取り組み，定期的に振り返る。

ここがポイント！　なりたい自分をイメージさせる

　学習態度は，すぐに定着するものではありません。がんばりカードなどを作り，目標に向かって取り組ませることはよく行われています。そのがんばりカードが，将来の夢やなりたい自分につながっているものにできれば，子どもにとって意味のあるものになり，やる気を持続させることになるでしょう。例えば，「消防士になりたい」子どもには，そのためには「自分のことは自分でできることが大切だね」「時間や約束を守る力は必要だよ」と一緒に話をしながら目標設定していきます。

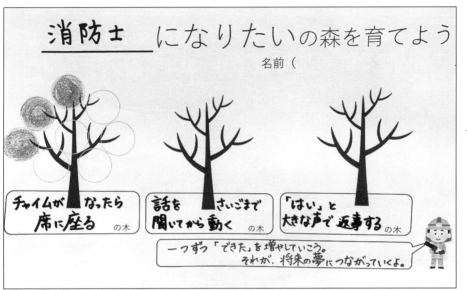

消防士を目指して取り組むカードの例。具体的にどのように行動するか決め，自分で振り返れるようなものを木の下に書くとよい。達成したらシールを貼ったり，色を塗ったりする。

これをやったらアウト！　えこひいきと感じさせる

　周りの子どもたちは，教師のかかわり方をよく見ています。その子どもだけ特別であると，周りの子どもに不公平さを感じさせないように配慮が必要です。がんばりカードによって，周りの子どもが「あの子だけずるい」と嫉妬してしまうと逆効果です。必要に応じて，学級全体に説明します。「Aさんは今，先生とできるようにがんばっていることがあります。みんながあたたかく見守ってくれるとAさんはとってもうれしいと思うから，Aさんを応援してくれるとうれしいです」などと教師の思いを伝えましょう。

【参考文献】
・川上康則編『通常学級でできる発達障害のある子の学習支援』ミネルヴァ書房

\\ 学習アイテムのスキル //

26 教室に入れない子どもも安心して授業に参加できるようにするスキル

【準備物】タブレット端末，オンライン環境，空き教室

教師の意図

オンラインを通じて在籍する教室と空き教室をつなぐことで，集団で学習することに難しさを感じる子どもでも安心して授業に参加できるようにするため。

(鈴木　裕也)

取り組み方・手順

①在籍する教室と空き教室が，オンライン上でつながるかを確認する。
②どの教科でオンライン学習を行うのか，本人や保護者と相談する。
③事前に相談した教科等でオンライン配信を行う。

ここがポイント！　できる範囲で，できることを

　「特定の子どもだけ別室でオンライン参加」と聞くと，改めて別の課題を用意したり，事前や事後に繰り返し連絡をとったりして大変ではないか，という声が聞こえてきそうです。確かに，ワークシートやスライド資料を別に作成するとなると，担任の負担が増してしまいます。

　まずは，教室の定点からオンライン配信するために，授業開始時刻になったら「開始ボタン」，終わったら「終了ボタン」を押すくらいのことから始めてみてはいかがでしょうか。校内に空いている教室があれば，特別支援教育支援員や学生ボランティアの方々にお願いをし，立場上指導はできませんが，子どもにとっては一緒にいるだけで大きな安心感につながるでしょう。

★学習アイテム

空き教室を「特別支援教室」として設置し，その教室内を「学習スペース」と「リラックススペース」に分けるなどの物理的構造化も大切。

これをやったらアウト！　持続「不」可能な取り組み

「持続可能な取り組み」は，様々な分野で大切にされています。この空き教室を活用した取り組みにも「持続可能」な考え方は重要です。

特別支援教室として設置をしたとしても，支援に入る人員やその調整役など，課題は山積です。目先の取り組みだけでは持続可能な取り組みにはなりません。

もし，学校として教室に馴染めない子どもたちが近年増える傾向にあるのであれば，一人で抱え込まず全職員で話し合い，「誰もが安心して学校生活を送るためにはどうすればよいのか」について，真剣に向き合う必要があるでしょう。

【参考文献】
・佐々木正美著『自閉症児のための TEACCH ハンドブック』学研プラス

学習アイテムのスキル

27 子ども作成おみくじで保護者会の空気を和らげるスキル

【準備物】空き箱，折り紙

教師の意図

子どもたちが作ったおみくじを保護者会で使用することによって，教室の緊張した空気を和らげるため。

(松下　崇)

取り組み方・手順

①空き箱を利用して，おみくじを入れる箱を作る（くじを取る際，なかが見えないようにするとより盛り上がる）。
②おみくじの書式を確認し，一人１枚おみくじを作成する。
③保護者会に参加した保護者に，おみくじを引いてもらう。
④保護者をグループごとに分け，どんなことが書いてあるか話をしてもらう。

ここがポイント！　おみくじは子どもの思いがあふれるものに

　子どもたちがおみくじを書く際は，次頁の写真のような書式で行います。子どもたちに「引いた人が楽しい気持ちになるようなおみくじを作りましょう」と呼びかけると，子どもたちはおみくじに絵を描いたり，励ましの言葉を書いたりして工夫するでしょう。保護者会では，おみくじを作成している子どもたちの様子やおみくじに書いてある内容をもとに，子どもたちの興味・関心がどこにあるかを話題にしてもよいでしょう。

 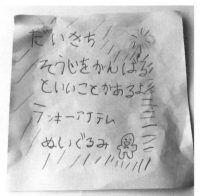

学習アイテム

おみくじの箱とおみくじの例。保護者会前に，子どもたちも引くとさらに盛り上がる。

保護者会での取り扱いは簡単に

　保護者会の教室での緊張感を和らげるために保護者におみくじを引いてもらいます。「おみくじで保護者会を盛り上げよう」とすると，その雰囲気についてこられない保護者もいます。緊張を和らげるという目的を忘れず，簡単な活動となるようにしましょう。

　自分の保護者がどのおみくじを引いたか，気になっている子どももいます。保護者会に参加できなかった保護者には，保護者会の資料等と一緒におみくじを渡しましょう。

【参考文献】
　この実践は，安次嶺隆幸氏の実践を追試したものである。以下の文献を参考にするとよい。
・安次嶺隆幸著『世界一のクラスをつくる100の格言』明治図書

\\ こんなときどうする？　対応スキル //

1 学年全体で掲示物をそろえるときの対応スキル

――――― 問題の所在 ―――――

学年主任として，ある程度足並みをそろえ，取りこぼしを防ぐ観点から教室後方壁面のある程度の面積の掲示統一を提案します。同時に，担任の感性や学級独自の取り組み奨励の点からは，後方壁面の一部自由化，側面はフリーといった自由度をもたせた学年経営を行います。

（近藤　佳織）

取り組み方・手順

①年度はじめの学年会で方針を説明する。
②毎週の学年会で適宜確認し，同意を得る。
③取り組み内容によっては年度途中の変更もありうる。

必須事項を確認し，ある程度はそろえる

　学年5学級の大規模校に勤務していた際，学級通信の頻度や枚数や内容，印刷のルールなど細かいことがほぼ決められていました。また，学級目標の掲示場所，大きさなども決まっていました。窮屈さを感じましたが，経験年数の浅い先生にとっては，何も決まっていないと不安もあるため，ある程度そろえることは有効でした。また，教室掲示を学習参観日に他学級と比較され，不足を批判されることにならないようにという配慮でもあったと思います。学年に学級が複数あるときは，学年経営に絡め，掲示物をある程度学年でそろえることが，若い担任の先生や保護者，子どもたちの安心を生みます。

担任の自由裁量を設ける

　学年ですべてそろえると窮屈で学級や担任のカラーが出しにくく，自分で考えることをしなくなります。また，「子どもに教室掲示を任せたい」「自主的な係活動をさせたい」と考え，子どもを育てている先生もいます。そこで掲示では，共通の掲示は最低限にし，自由スペースを設けることでその学級独自の取り組みや担任の先生の思いが反映できるようにします。例えば，教室後ろの上部には子どもたちの自己紹介を貼ることにします。下部は各学級裁量とするように，学年主任として，そろえる部分と自由度のある部分をつくり，余白をもたせる提案をすることで学年職員の安心と同時にやりがい部分をつくり出せます。

掲示や取り組みの定期更新を促す

　教室掲示に自由スペースがあると，担任の工夫に任せられ，アイデアを生かすことができる反面，何もせずそのまま同じものを学期中貼っておく，もしくは何も貼らないまま終わるということも考えられます。学習参観や月の変わり，季節などを目安に定期的に更新していきたいものです。学年会で話題にしながら，定期的な更新を促します。また，子どもたちが更新できるスペースをつくり，任せるのもよいと考えます。

学年掲示板の掲示は年間を通じて増やし，更新していく

　もし学年掲示板や学年で活用するスペースがあれば，学年目標を掲示し，年間の大まかな行事や総合学習の掲示として使用します。そうすることで職員も子どもも見通しをもつ場，年間の活動や学びの足跡の場として活用することができます。

第2章　ロケット「教室環境・学習アイテム」スキル　**133**

\\ こんなときどうする？　対応スキル //

2 担任一人一人の強みを生かすために学年であえて掲示物をそろえない対応スキル

――――――― 問題の所在 ―――――――

学校現場では，何かにつけて「そろえる」ことを求められます。これは，特に右も左もわからない経験の浅い先生に対し，道標を示すという点で有益です。一方で，経験も教育観も何もかもが違う学年の担任団が，すべてをそろえるというのは不自由ともなり，不自然ともいえます。そろえるのではなく，あくまで「スタンダード」と位置づけて，自由度を高めます。

(松尾　英明)

掲示物でどこを必ずそろえるか共通理解する

　学年の最初に，掲示物についての確認を行います。最低限そろえて，絶対に共通して掲示しなくてはならないものです。
　それは「避難経路」のような命の安全にかかわるものが筆頭です。逆に，これ以外は掲示物として本当に必須というものはまずなく，あってもなくても本来大きな問題にはならないものがほとんどです。
　習字の掲示物のように，「絶対にこれはここに貼ってあるべき」という，「学校の常識」にとらわれてしまっていないかをまずチェックします。

掲示物の「スタンダード」を示す

　次のことを，学年担任団全員で確認します。

> 　掲示物の「スタンダード」は，あくまで標準であり，必ずしもこうしなくてはならないものではない。

　これは「スタンダード」が決して「縛り」ではなく，どうしたらいいか決

められない人のための「標準」であるということの確認です。学年主任の掲示計画を「スタンダード」として示しておけば，自分の信念やこだわり，考えがないうちはとりあえずそれを真似しておけばいいということになります。

　逆に，自分なりの考えや，教室の掲示物をこうしたいという思いや願いがある人は，自由にやればいいということになります。

　なんでも「みんなで」「そろえる」「横並び」の時代は終わりました。これからは子どもの多様性を認めるのと同様，教員自身の教育観や教育実践の多様性も認めていく時代です。

掲示物とは教育観のあらわれ

　想定されることの一つが，保護者から「なぜ○組はこれこれを掲示しているのに，うちの学級はしていないのか」という質問（注文？）です。これについては，きちんと説明します。

　学級は，それぞれが異なる人間の集まった集団です。教えている人間も違えば，学んでいる子どもたち一人一人はもっと違います。そうであれば，それぞれに合った方法，今必要だと思われる方法を，常に模索しているわけです。一律に決められるものではありません。

　さらに，教室の掲示物は，そもそも教師がすべて計画すべきものではないのです。先に述べたように避難経路のような必要最低限のものだけ掲示しておいたら，子どもたちに「どうしたい？」と聞けばよいのです。

　子どもたちからは「壁一面を飾りたい！」「自分たちの作った新聞を貼りたい！」「クイズを書いて掲示したい！」等，意見が出て，自分たちの教室づくりが始まります。実は，教師の綿密な計画的掲示物こそが，子どもの主体性と教室へのオーナーシップを奪っているのです。必要最低限に，とどめましょう。

【参考文献】
・松尾英明著『不親切教師のススメ』さくら社

第2章　ロケット「教室環境・学習アイテム」スキル　135

こんなときどうする？ 対応スキル

3 学年データの活用度を上げ，年度を越えて共有するためのスキル

問題の所在

学級の掲示物やお便りの作成，行事の準備等では，データの共有や活用は当たり前になりました。そこで大切なのは整理整頓です。基本は，居場所をつくり，使用目的を明らかにすることです。1人1台端末によっても，データの共有場所は増えました。学年主任だけではなく一人一人がお互いのためにデータを共有できる環境づくりが必要となります。

（佐藤　翔）

【大前提】まずファイルをつくる場所は共有フォルダ

　共有前提のものを個人フォルダで作成してはいけません。「後で入れよう」では結局忘れてしまい，ファイルが散らかる要因です。また，1人1台端末ではクラウド保存をしている場合があります。「共有」をしても，保存先が個人フォルダだと，データが見られなかったり意図せず書き換えてしまったりすることもあります。**ファイルは共有フォルダでつくる**ことを習慣化し，必要があれば個人フォルダにコピー（複製）して入れるようにしましょう。

> 　物もデータも整理整頓を意識して共有スペースを管理する。

【整頓】共有の基本は居場所づくり

　物もデータも整理整頓の基本は同じです。居場所が決まっていないから，物は散らかるのです。また，名前だけでフォルダをつくると，同じ階層にフォルダが増え，見つけづらくなります。そこで，先に分類するための階層をつくることで，置き場所がわかるようにします。

❶時期や頻度，用途でまずは分類目次づくり

　フォルダ名の最初に番号をつけてルールをつくります。番号は0を入れて同じ桁数にすると順序が整い，見やすくなります。分類のルールは年度当初に主任か担当者が作成します。細かすぎず，絶対にどれかに分類できるようにすると長続きします。

```
000系…年度共通使用系
100系…単発行事系
　　　　（運動会，遠足）
200系…繰り返し行事系
300系…便り・保護者
500系…個人フォルダ
　　　　（リンク）
800系…データ移行
```

❷フォルダは年度別で同じものを

　中身のデータはコピーせず，フォルダだけコピーする方法があります（やり方はネット検索すればすぐわかります）。最新ファイルが明確になり，またデータの場所もわかりやすくなります。

【整理】目的や具体のわかるネーミングを

　名前だけで内容がある程度わかれば，ファイルを開く手間が省けます。ファイル名は**「目的・用途」「使用時期」「担当」**等を入れることをおすすめします。例えば，校外学習のしおりのデータを以下のようにします。

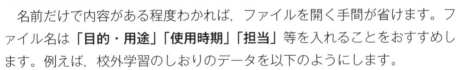

| しおり分担 |
| 約束 |
| 持ち物 |
| 持ち物2 |
| バス座席 |

→

| 00分担【最初○月に決める】 |
| 01約束【施設に○○が確認後】 |
| 02持ち物バッグ内【佐藤】 |
| 03持ち物学習系【伊藤：ICT管理職確認】 |
| 04バス座席【加藤：決め方まで】 |

　ファイルが番号順に並ぶので，しおりの印刷にも便利ですし，「持ち物」のような似たファイルが一目瞭然になり，不必要なファイルもわかります。また，来年どの時期にどう動くかが明確になり引き継ぎも容易になります。

\\ こんなときどうする？ 対応スキル //

4 教室環境を破壊するような荒れた学級を受け持った際の対応スキル

――――――― 問題の所在 ―――――――

教室で何度も子どもが暴れたり，子どもたちが衝動的に行動したりすることが多いと，掲示物や教室にあるものが破壊されることが頻発します。故意に壊している場合，学校の備品等は弁償といった対応も考えられますが，子どもたちの作品等，元に戻らないものもあります。ポイントを押さえて教室環境を整える必要があります。

(松下　崇)

破壊されやすい場所を想定する

　一言で「教室の荒れ」と言っても，「物が破壊される」「掲示物が剥がされる」「物がなくなる」「落書きされる」等，教室でのあらわれ方は様々です。子どもたちの行動する様子を見ながら，どこで何が起こりそうか考えておくことが大切です。考える際は，その子どもたちをよく知る同僚の先生方と一緒に考えるとよいでしょう。

問題が起こりそうなものは置かない

　想定できたら，教室に破壊されやすいものを置かないようにします。例えば，以下のように考えます。
・ケンカが起こりやすい学級では，咄嗟に投げられそうなものは置かない。
・衝動的に行動しやすい子どもが多い場合には，子どもが手の届く場所には掲示しない。
・個人の持ち物はすべて自分の机のなかやロッカーに入れ，共有スペースをつくらない。
・カラーペンや画用紙等，共有で使えるものを極力置かないようにし，使用

する場合は、教師から借りるようにする。
　一度整理しても、少し時間が経つとロッカーの上に物が置いてあったり、床にゴミが落ちていたりします。教師が率先してきれいな状態を維持するように努め、子どもたち自身がそれを意識して行動できるようにします。

刺激の量を調整する

　授業時においても、極力、使用するものを少なくします。机上には使用するものだけを置き、場所も指定します。子どもの気を引くような刺激的な学習アイテムもトラブルが予想される場合は使用を避けます。黒板に書く際、使用するチョークの色も白と黄色の２色とし、文字の量も適切な量にします。刺激の量を極力少なくしていくと、子どもたちにとって最低限必要なものがわかってきます。教室の雰囲気が少し寂しく感じるかもしれませんが、子どもたちが落ち着いて過ごせるようになってきた後、増やせるようなら増やせばよいでしょう。

できていることを認めていく

　教室内の刺激の量を調整していくと同時に、できていることを積極的に認めていきます。「トラブルがない」「掲示物が壊れない」ということは当たり前のように感じますが、荒れている学級にとっては特別なことです。なぜそれがよいことなのか学級全体で確認するとよいでしょう。「ゴミを拾う」「率先して片づける」等、自分から進んで教室環境をよくしようとする子どもの姿を見つけ、認めていくとよいでしょう。学級が安定してきたら、子どもたち同士でそれらの姿を紹介しあう活動をすると、子どもたちがさらに主体的に行動するようになります。

\\ こんなときどうする？　対応スキル //

5
あえて隙をつくる!?
子どもを自立させたいときの対応スキル

---------------------------- 問題の所在 ----------------------------

子どもたちは失敗を恐れ，集団としての自立ができていないと言われることがあります。それは，大人が先回りをしてハードルを減らし，協力し自立できる機会を奪ったからなのです。ただ，「自立しろ」と伝えても，家庭でも学校でも学んでいないので一歩が出ません。学級が落ち着いたら，そんな集団としての自立を後押しする手立てを講じていきます。

(佐藤　翔)

完璧を目指さず，「隙」の価値を最大限活用する　★

恋愛で完璧な人はモテない，という話を聞きます。完璧が基準となってしまうとそれ以外は失敗です。そんな状態では子どもたちは挑戦する気持ちも起きません。詰め込みすぎず，余裕のある「隙」づくりを意識しています。

❶自分の在り方に隙をつくる

「完璧な先生」だけを見せていると，子どもが先生の言う通りにすればうまくいくと思ってしまうこともあります。そこで，あえて完璧ではない部分も見せるのです。あえて失敗を伝えたり，子どもたちを頼ったりすることで，子どもたちが自らの力を発揮できるようにしていきます。

私は伝え忘れ，配付忘れがよくあります。授業で意図したことができずに学習が深まらないときもあります。その際に，「ごめんなさい」と謝ります。そのうえで，失敗から次どうするかを学んだことを伝えます。子どもたちは「大人も失敗するんだ」と学びます。すると，日頃から友達同士で「失敗しても大丈夫だよ」と声をかけたり手助けしたりする子どもが出てきます。

❷指導の在り方に隙をつくる

　自分の思う通りにならないと，カッとなってしまうことがあるかもしれません。ですが，学級の子ども全員を自分の思う通りに動かしている構図の方が私には異様に映ります。そこで指導が必要な場面では，安全面は確保したうえで，大事だと思うところを簡単に伝えるのみにとどめています。

　力ずくの指導をしなくなると，子どもたち同士の注意の言葉も優しくなります。「あの子は〇〇な子だから」と認識するからこそ，互いの得意を生かし，苦手をフォローしあい，集団のなかの一員として活動ができるようになります。

自由度を高め評価できる場面をつくることで自立を促す

対応スキル

❶小さなことから隙をつくり，頼ったらしっかり任せる

　年度当初から教室整備を完璧にしません。「掲示物を貼る場所をつくりたいなあ」「いつも散らかっちゃう，どうしよう？」と子どもたちに問い，お助けの子どもが出てくるとお願いするようにしています。活動が始まったら，**失敗しそうでも口を出さない**ことも大事です。子どもたちは一生懸命その問題解決過程を学んでいるのです。

❷応援者の立場でかかわり，フォローは欠かさない

　子どもが悩んでいるときには，すぐ助言するのではなく「私には何ができる？」「手伝えることはある？」とかかわります。頼られたらいくつかの選択肢も出しますが，大事なのはその後のフォローです。うまくいってもいかなくても，過程でどんながんばりがあったか学級全体で共有し次につなげます。

> ゴールへの行き着き方はいくつあってもいい。よき伴走者になろう。

【執筆者紹介】 ＊執筆順

多賀　一郎　教育アドバイザー

松下　　崇　神奈川県公立小学校

松尾　英明　千葉県袖ヶ浦市立蔵波小学校

近藤　佳織　新潟県公立小学校

髙橋　健一　新潟県新潟市立白根小学校

尾下　　瑛　兵庫県神戸市立長尾小学校

久下　　亘　群馬県公立小学校

佐藤　　翔　千葉県千葉市立作新小学校

鈴木　裕也　神奈川県公立小学校

【監修者紹介】

多賀　一郎（たが　いちろう）

神戸大学附属住吉小学校を経て，私立小学校に長年勤務。現在，
教育アドバイザー。教師塾やセミナー等で，教師が育つ手助け
をしている。

【編者紹介】

松下　崇（まつした　たかし）

1979年横浜市生まれ。神奈川県公立小学校主幹教諭。自身も悩
み苦しむ若者の一人であったが，学級づくりを中心に学び続け，
学校現場で日夜，全力投球中。

【著者紹介】

チーム・ロケットスタート

学級開き・授業開きや学級づくり・授業づくりに悩むすべての
先生を救うため，その道のスペシャリストが集結し，それぞれ
の英知を伝承すべく組織されたプロジェクトチーム。

〔本文イラスト〕木村美穂

ロケットスタートシリーズ
学級づくり&授業づくりスキル
教室環境・学習アイテム

2023年3月初版第1刷刊	©監修者	多　　賀　　一　　郎
2024年1月初版第2刷刊	編　者	松　　下　　　　崇
	著　者	チーム・ロケットスタート
	発行者	藤　　原　　光　　政
	発行所	明治図書出版株式会社

http://www.meijitosho.co.jp
(企画)林　知里 (校正)武藤亜子
〒114-0023　東京都北区滝野川7-46-1
振替00160-5-151318　電話03(5907)6703
ご注文窓口　電話03(5907)6668

＊検印省略　　　　　　組版所　中　央　美　版

本書の無断コピーは，著作権・出版権にふれます。ご注意ください。

Printed in Japan　　　　ISBN978-4-18-472420-4
もれなくクーポンがもらえる！読者アンケートはこちらから

ロケットスタート
シリーズ

学級づくり&授業づくり
12か月の仕事術

多賀一郎 編　チーム・ロケットスタート 著

なにもかもが初めて尽くしの1年生。
学校生活にも慣れた2年生。
仲間意識が強まりパワフル・ギャングエイジな3年生。
大人に近づく思春期入口の4年生。
学習内容の難度も増し、つまずきが顕著になる5年生。
最高学年としての役割が期待され、小学校生活の集大成となる6年生。
各学年の発達段階を的確にとらえ、クラスを一年間、安定して運営するためにはどうしたらよいか、まるごとその秘訣をまとめた1冊です。【イラスト&テンプレ】付き。

【第1章】指導のポイント&準備術：小学1年の特徴と指導のポイント／教室の"あの子"へ対応するポイント／チェックリストでわかる！入学式・始業式までに必ずしておくべきこと【第2章】学級開き：学級開きとは／出会いの演出／教室掲示&レイアウト／レク&アイスブレイク／学級のルールづくり／授業のルールづくり／保護者対応／インクルーシブな視点で"あの子"も包み込む空気づくり
（ほか全95項目）

小学1年	B5判・216頁	2,800円+税	図書番号 4701
小学2年	B5判・216頁	2,800円+税	図書番号 4702
小学3年	B5判・216頁	2,800円+税	図書番号 4703
小学4年	B5判・216頁	2,800円+税	図書番号 4704
小学5年	B5判・224頁	2,900円+税	図書番号 4705
小学6年	B5判・224頁	2,900円+税	図書番号 4706

一年間安定して学級経営&授業を行うために12か月をフルサポート！

明治図書　携帯・スマートフォンからは **明治図書ONLINE** へ　書籍の検索、注文ができます。▶▶▶
http://www.meijitosho.co.jp　*併記4桁の図書番号（英数字）でHP、携帯での検索・注文が簡単に行えます。
〒114-0023　東京都北区滝野川7-46-1　ご注文窓口　TEL 03-5907-6668　FAX 050-3156-2790